Research on Risk Management for Internet Finance of

JOINT-STOCK COMMERCIAL BANKS

股份制商业银行
互联网金融风险管理研究

毛 茜 赵喜仓 李新潮 著

江苏大学出版社
JIANGSU UNIVERSITY PRESS
镇 江

图书在版编目(CIP)数据

股份制商业银行互联网金融风险管理研究/毛茜，赵喜仓，李新潮著. —镇江：江苏大学出版社，2019.3
ISBN 978-7-5684-1093-9

Ⅰ.①股… Ⅱ.①毛… ②赵… ③李… Ⅲ.①互联网络—应用—商业银行—风险管理—研究—中国 Ⅳ.①F832.33-39

中国版本图书馆 CIP 数据核字(2019)第 054504 号

股份制商业银行互联网金融风险管理研究
Gufenzhi Shangye Yinhang Hulianwang Jinrong Fengxian Guanli Yanjiu

著　　者/毛　茜　赵喜仓　李新潮
责任编辑/孙文婷
出版发行/江苏大学出版社
地　　址/江苏省镇江市梦溪园巷 30 号(邮编：212003)
电　　话/0511-84446464(传真)
网　　址/http://press.ujs.edu.cn
排　　版/镇江文苑制版印刷有限责任公司
印　　刷/虎彩印艺股份有限公司
开　　本/718 mm × 1 000 mm　1/16
印　　张/15.75
字　　数/188 千字
版　　次/2019 年 3 月第 1 版　2019 年 3 月第 1 次印刷
书　　号/ISBN 978-7-5684-1093-9
定　　价/48.00 元

如有印装质量问题请与本社营销部联系(电话：0511-84440882)

前　言

中国正处于经济转型升级、金融发展面临新挑战的关键节点。近年来，随着互联网技术的快速发展，传统金融与互联网技术深度融合，不断催生新的金融产品与融资模式，互联网金融应运而生。不同于传统的金融模式，互联网金融是以云计算、大数据、移动支付、搜索引擎等为代表的网络高新技术与传统金融业态的有机结合，兼具普惠金融与跨业经营之双重特性。它是基于互联网实现资源配置与优化的全新金融业务模式，日益成为金融体系的重要组成部分，对传统金融机构的渠道和产品产生了冲击，加速了金融脱媒化、金融市场化改革和利率市场化的进程。

从 2013 年起，以第三方支付、P2P、网络贷款及金融机构线上平台为代表的互联网金融模式在我国出现了井喷式发展。但是在飞速发展的同时，互联网金融的风险问题日益凸显，引起国家层面的重视。2017 年全国金融工作会议提出，要紧抓风险防范工作，增强风险防控的前瞻性和有效性，早识别、早预警、早发现、早处置，十九大报告中进一步强调要守住不发生系统性金融风险的底线。

一方面，我国互联网金融的发展，是在相关法规几乎空白的情况下迅速出现并不断膨胀的，带有浓厚的自发性，发展时间短、变化快，目前尚没有形成完善的风险管控体系，这使得部分互联网金融产品游走于合法与非法之间的灰色区域；另一方面，互联网金融作为传统金融业务发展的最新业态，蕴藏着比后者更大的风险。众所周知，金融行业和互联网行业二者都是高风险行业，而互联网金融则属于互联网与传统金融的创新与融合，两个高风险行业的“叠加”无疑使得互联网金融风险远远比互联网和传统金融风险本身更大，并且其风险以扩散速度快、影响面积大等为主要特点。因此，深入加强对互联网金融风险的识别、建立有效的风险管理模式和风险防范体系，对互联网金融今后的健康发展具有极其重要的指导意义。

互联网金融作为跨界金融创新，其对金融体系的影响成为学术界、实业界和政策界的重大议题。中国在短短两三年内，已经成为拥有全球最大的互联网金融业务的经济体，如此猛烈的增长势头，让传统金融行业感受到了来自互联网企业对自身发展的严峻挑战。谢平等认为，互联网金融将带来“颠覆性”的冲击，将彻底改变商业银行的经营模式。网上银行、手机银行等渠道，在这场互联网金融的“风暴”中是否需要被重新定义？传统商业银行零售网点是否面临被重新定位和改造的挑战？新近涌现出的以大数据为代表的风控技术应该如何在银行领域发挥其商业价值？这一系列的问题，引起了国内银行业的广泛关注。

鉴于2013年之后，互联网与传统金融服务业的“跨界”式创新，大型商业银行、股份制商业银行均在业务模式创新、风控技术创新等方面进行了诸多探索。与起步较早的大型国有银行（工行、农行、中行、建行、交行）相比，股份制商业银行（如浦发银行、华夏银行、民生银行、招商银行等）在我国虽然只经历了20多年的发展历程，但其在企业制度、经营管理、业务和技术创新等方面都有不少突出的后发优势。股份制商业银行作为金融行业极具成长活力的一员，在面对“互联网金融”这一创新金融业务时，被放在了一个极其特殊的位置。股份制商业银行由于在人才、资金以及其他资源等方面的限制，在面对大型国有银行和互联网企业带来的双重挑战时，亟须思考如何重新确立自身的互联网金融业务定位，如何将线上互联网金融服务与线下实体金融服务资源进行整合，如何利用以大数据为代表的风控技术优化现有的风险管理系统，寻求一条能够充分发挥自身核心优势的互联网金融创新之路。

股份制商业银行发展互联网金融也正逢历史机遇。与大型国有银行相比，股份制商业银行在业务发展方面存在“船小好掉头”的先天优势。同时，股份制商业银行在经营、地域以及人才建设等多维度上呈现各自不同的特点，在构建互联网金融过程中，股份制商业银行能够打造一个极具自身特点的互联网金融体系，开拓业务新“蓝海”。此外，股份制商业银行借助互联网金融，可以进一步确立自身在扶植小微企业、推进普惠金融等方面担任的不可替代的角色。股份制商业银行由于与地区政府的紧密联系，对于促进区域经济发展发挥着不可或缺的作用，其传统金融服务就是面向小微企业。因此，借助互联网金融，股份制商业银行有机会更加深入地融入小微企业的经营业务之中。移动支付、4G

网络的普及与不断升级，也使得股份制商业银行能够在推进普惠金融的过程中精准定位、做精做深。在这样的背景下，从股份制商业银行的自身特色出发，结合互联网金融的特点，探索出一条适合股份制商业银行互联网金融风险管理的思路，具有重要的理论价值和深刻的现实意义。

本书以信息不对称理论、需求-供给理论、生命周期理论、博弈理论及全面风险管理理论为基础，综合运用文献调查法、案例分析法、Logistic 回归和 BP 神经网络等方法，紧紧围绕“股份制商业银行互联网金融风险管理”这一主线展开研究。(1) 在对国内外“互联网金融”“互联网金融风险管理”“商业银行互联网金融风险管理”“基于大数据的互联网金融风险管理”研究现状及相关理论梳理的基础上，界定股份制商业银行互联网金融风险管理研究的核心概念，分析了股份制商业银行互联网金融风险与传统金融风险的异同；(2) 分析了我国股份制商业银行互联网金融发展与风险管理的现状，针对互联网金融风险集中的消费贷款、小微企业贷款领域进行典型案例分析，揭示了我国股份制商业银行互联网金融风险管理存在的问题；(3) 以经济学需求-供给理论分析了股份制商业银行互联网金融资金需求方与资金供给方之间的关系以及政府在其中的作用，基于博弈理论构建了政府、股份制商业银行、融资方三者之间的博弈模型，揭示了互联网金融风险的形成机理；(4) 在对股份制商业银行互联网金融风险归类分析的基础上，以具有代表性的浦发银行互联网金融消费贷款与小微企业贷款为分析对象，通过构建基于 BP 神经网络的模型，对股份制商业银行互联网金融风险进行了评估分析；（5）探讨了股份制商业银行互联网金融的风险预警和控制机制，提出了股份制商业银行互联网金融全面风险管理体系。

研究认为：（1）股份制商业银行互联网金融风险管理研究是一项多学科交叉的综合性研究。商业银行互联网金融风险管理问题是近年来国内外学术界的热点问题，但现有成果多是从风险控制的某个或某些环节出发展开研究的，有关商业银行互联网金融风险管理的系统性研究成果较少，针对股份制商业银行互联网金融全面风险管理的研究成果更少，研究整体处于起步阶段。从我国互联网金融发展的实际看，虽然我国互联网金融发展迅猛，但仍然存在多头监管、监管措施针对性不强、监管模式因循守旧甚至监管缺失等问题；（2）根据互联网金融本身的特点和股份制商业银行金融的特征，股份制商业银行互联网金融不仅受到内部因素的影响，还受到众多外部因素的影响。商业银行互联网金融不仅要依靠市场“无形的手”自发调节，还需要政府“有形的手”发挥引导和约束作用，协调各方关系；（3）股份制商业银行互联网金融除存在与传统金融行业共有的政策法规风险、信用风险、经营风险外，还存在其特有的操作风险、信息技术风险、声誉风险等。要准确识别这些风险并从源头对其进行控制，就必须从股份制商业银行互联网金融风险预警系统、风险调控、大数据风险控制手段的应用等方面入手，通过国家层面的完善政策、补齐短板，行业层面的提高认识、有效约束，银行层面的固本强基、提升质效，以及其他层面的系统协调、全面管控，建立和完善符合中国国情的股份制商业银行互联网金融全面风险管理体系。

创新点：（1）从政府、股份制商业银行和融资方的三方博弈入手，揭示了股份制商业银行互联网金融风险形成机理，丰富和发展了互联网金融风险管理理论；（2）运用 Logistic 回归与 BP 神经网络等机器算法构建风险评估模型，为股份制商业银行互联网金融风险评估提供了一种有别于传统风险评估的新方法；（3）构建了股份制商业银行互联网金融全面风险管理体系，为股份制商业银行风险管理提供了实践依据。

本书是江苏省研究生科研创新项目“科技金融创新与江苏经济增长稳定性研究”（CXLX13_698）以及江苏省统计应用研究基地项目“大数据背景下我国股份制商业银行互联网金融风险管理研究”（2016JD06）的最终成果。自 2012 年着手研究以来，作者进行了大量的文献检索、实地调研与深度访谈，在此基础上进行了系统的分析研究，明确了研究目标，形成了研究大纲，经过多次修改与讨论，得以完成。

本书的探讨是初步和探索性的，限于研究者的能力和水平，本书一定存在不少疏漏和不足，恳请领导、专家和读者批评指正。本书在写作过程中，参考了许多专家学者的研究成果，我们已经尽可能地在引文部分一一注明，由于本书结构、内容经过多次修改，如有遗漏之处，还望海涵。

目　录

1 绪论

1.1 研究背景

金融是现代经济的核心，是国家的核心竞争力。目前中国正处于经济转型升级、金融发展面临新形势的重要时刻。在2017年7月的全国金融工作会议上，习总书记强调，要紧抓风险防范工作，增强风险防控的前瞻性和有效性，早识别、早预警、早发现、早处置。2017年10月，十九大报告中指出，要把深化金融改革、发展数字经济、建设网络强国作为重大战略部署。这也为新时期互联网金融的发展指明了新方向，赋予了新使命。同时十九大报告也提出，要进一步强调守住底线，确保不发生系统性金融风险。

互联网金融作为一种金融创新，对金融行业的方方面面已经产生了一系列不同程度的影响。由于其跨界属性的特殊性，互联网金融日益成为政界、学术界和实业界关注的焦点。在较短的时间内中国互联网金融量已经达到全球第一，强劲的增长势头给传统金融行业带来了巨大的挑战。有观点指出，互联网金融已在业务种类和服务模式等固有经营方式上给传统金融带来巨大的冲击，并且指出，这种冲击将颠覆现有银行业的格局。因此，互联网金融也引起了银行业传统金融机构的密切关注。

我国传统金融系统中，以五大行为首的大型国有银行实力雄厚，经营历史长久，业务范围宽广。随着银行业改革开放的深入，虽然大型国有银行对市场的垄断有所减弱，但是这些银行依靠其庞大的规模和国有的信用保障仍然保持强势地位。与起步较早的大型国有银行相比，股份制商业银行虽然只在我国经历了相对短暂的发展历程，但其在业务创新和技术更新、经营管理和企业制度等方面都积累了一定的后发优势。

2013 年之后，互联网与传统金融服务行业的跨界式融合已成为主流，各股份制商业银行在不同方面均进行了一定的探索与尝试，尤其是在业务经营模式、风险管理手段创新等方面。在发展互联网金融之前，各银行首先需要思考的问题是互联网金融在本行中的定位是什么？互联网金融具体涉及哪些业务？对互联网金融带来的一系列新的风险如何进行有效管理与规避？作为金融系统的一个重要组成部分，股份制商业银行在面对互联网金融这一创新金融带来的挑战时，位于一种极其特殊的处境：首先，股份制商业银行必须要面对新兴互联网金融对传统金融的冲击；其次，股份制商业银行要面对我国大型国有银行在金融领域的夹击；最后，股份制商业银行还要面对互联网金融转型对其发出的新挑战。在这样的多重挑战下，由于股份制商业银行在人才、资金以及其他资源等方面还存在诸多限制，因此，股份制商业银行亟须思考如何利用好自身优势，如何将线上互联网金融服务与线下实体金融资源进行整合，如何利用以大数据为代表的风控技术优化现有的风险管理系统，寻求一条能够充分发挥自身核心价值的互联网金融创新之路。在此背景下，本书从股份制商业银行发展互联网金融的实际情况出发，结合互联网金融的特点，探索适合股份制商业银行互联网金融风险管理的思路，这将具有重要的理论价值和现实意义。

1.2 研究意义

本书在对互联网金融发展和国内外相关研究现状分析的基础上，运用信息不对称理论、需求-供给理论、生命周期理论、动态博弈理论和全面风险管理理论等相关理论，探讨股份制商业银行互联网金融风险管理机理。基于全面风险管理理论，分析股份制商业银行互联网金融风险的类型和识别机制。通过定性分析与定量分析相结合的研究方法，构建股份制商业银行互联网金融全面风险管理框架。这些对股份制商业银行互联网金融全面风险管理的理论研究和实际应用都将有积极意义，具体如下：

（1）理论价值

第一，有助于丰富和发展股份制商业银行互联网金融研究的理论体系。基于互联网金融风险管理的理论知识，研究以股份制商业银行为主体的互联网金融风险管理具有重要的理论价值。目前以互联网为核心，以股份制商业银行为主体，加强股份制商业银行核心竞争力，实现互联网金融平台创新的研究还是一片空白。从理论上来说，互联网金融风险对股份制商业银行的金融创新、业务流程、风险管理及内部管理等产生的影响都有待深入研究。

第二，有助于构建股份制商业银行互联网金融的风险管理框架。本书运用管理学、经济学和统计学等相关理论，分析股份制商业银行互联网金融的风险特征、风险管理的影响因素以及风险的种类，从而进一步研究股份制商业银行互联网金融的风险管理与传统银行风险管理的差异，构建股份制商业银行互联网金融的风险管理体系。

第三，运用大数据背景下的互联网金融风险管理的手段和方法，将补充和完善股份制商业银行互联网金融风险管理的不足。互联网金融不同于传统金融，互联网金融的风险管理也不同于传统金融的风险管理，传统金融风险管理的观念和方式已经不能完全适用于互联网金融的风险管理，因此，需要探索和发展新的风险管理思路，补充和完善现有风险管理手段和方式等。特别是互联网金融不只是一种普惠性金融，它在风险管理技术上的自我实现效应更具有特殊的理论意义和价值，本书试图在该领域进行探索性研究。

（2）实际应用价值

第一，有利于为股份制商业银行互联网金融的风险管理提供决策参考。面对激烈的竞争，为避免同质化的选择，发展互联网金融是股份制商业银行的一种较优选择。但由于其兼具互联网的特性，增加了风险管理的难度，做好对互联网金融的风险管理，有利于银行把控风险，同时也有利于金融市场的规范与和谐。

第二，有利于股份制商业银行在推进普惠金融工作过程中提高效率。股份制商业银行通过发挥自身核心价值优势，用优质的金融产品和服务来赢得客户，提高客户体验、增强与客户的联系。互联网金融的服务质量在一定程度上影响着客户的体验价值及客户黏性，通过构建一个股份制商业银行的全面风险管理系统，有利于加强风险控制、提高效率。此外通过互联网金融平台，有助于股份制商业银行更深入地参与到小微企业的生产经营之中。尤其是在移动网络广泛覆盖的情景下，智能手机银行的应用日趋便捷，为股份制商业银行在推进普惠金融工作过程中做精做深提供了便利。

第三，有利于促进我国互联网金融市场的完善与健康发展。在大数据时代背景下，对数据资源进行价值发掘、获取和再认识，对于银行来说至关重要。互联网企业所收集的客户行为信息，在金融创新、产品个性化定制、服务针对性营销等方面具有先天优势。相比之下，银行业金融机构如何发挥好自身的有利条件，利用自身积累多年的金融交易数据，从中发掘客户的行为规律和潜在需求，是值得股份制商业银行深入思考的问题，有利于提高风险管理意识，从而加强互联网金融的风险管理。此外，这对于我国金融市场的完善与发展也有着重要意义，能够为金融机构在互联网金融风险管理方面提供可借鉴的思路和方法。

1.3 国内外研究述评

近年来，随着互联网金融的迅速发展，产生了很多问题，尤其是在风险管理这一领域，国内外学者对此进行了大量的研究与探讨，为本书的研究打下了十分坚实的基础。但是互联网金融并不完全等同于传统金融，股份制商业银行互联网金融的风险管理也与传统金融的风险管理存在较大的差异，部分学者虽然在互联网金融风险管理上做了初步的探索，取得了一些成果，但是对于股份制商业银行互联网金融风险管理的研究较少，仍需要进一步深入研究。

1.3.1 互联网金融的研究

互联网金融最早出现于20世纪90年代，标志是SFNB（Security First Network Bank），即美国的“安全第一网络银行”，成为全球出现的首家互联网银行[1]。此后，在英、德等欧洲部分国家，以及亚洲的日本等国，互联网金融也开始逐步出现与发展。

（1）关于互联网金融的内涵

互联网金融（Internet Finance）是互联网精神对传统金融的渗透，从而带来了经营模式和经营理念上的变革，由此产生的一种新的金融模式，是一种金融创新。互联网金融并非是互联网技术在金融业中的简单运用，也不仅仅是销售和服务渠道上的变革，其核心的意义在于以互联网技术为手段，建立在互联网运营思想上的金融[1]。

关于互联网金融的定义和主要内容，国外学者到目前为止还没有达成一个统一的结论。国外关于互联网金融的概念最早起源于计算机及通信技术与金融领域的结合，即金融电子化阶段。21 世纪以来，在科学技术及金融业飞速发展的背景下，电子金融与网络金融的内涵随之产生。在此基础之上，2001 年，Banks 对电子金融提出了一个新的内涵，即电子金融指的是借助于互联网或其他公共类电子传播媒介，为大众提供金融方面的服务，主要包括银行服务、支付服务、交易场所等，一般也可以称为数字金融。在很多发达国家，金融业的某些概念可以相互替代，比如 Internet Finance 就能够与 Online Finance，E-Finance 等多个词进行替换[2]。Abroud 等（2015）[3]指出，互联网金融的发展都是以金融互联网化为方向，最鲜明的特征就是借助互联网交易平台来降低金融交易的成本，最终达到金融服务的可进入性和普惠性的目的。随后，Railiene（2015）[4]提出只有形成互联网的发展思维，才可实现互联网行业的创新，但这不是简单的对互联网技术的运用。互联网的运用成功解决了金融业在信息上的不对称和逆向选择行为，形成了一个没有中介存在的新型交易市场。

随着互联网金融的出现和发展，国外学术界虽然对其进行了持续的关注和研究，但是由于我国的个人征信体系建设相较于西方国家仍处于起步阶段，资金融通和交易的壁垒较高，企业经营行为的市场化程度较低，因此互联网金融并未在国外产生类似于我国的效应，至今国外对互联网金融也没有形成统一、明确的定义。

在我国，互联网金融一词首先由谢平和邹传伟于2012年提出。谢平等（2012）[5]指出互联网金融是在移动支付、搜索引擎、社交网络和云计算等影响下产生的，以互联网为代表的创新金融，是区别于间接融资和直接融资的另一种融资方式。

国内学术界也尚未对互联网金融的内涵形成一个统一的观点。在2013年8月13日的中国互联网大会上，中国人民银行首次在公开场合表达了对互联网金融的认可。次日，国务院发布《关于促进信息消费扩大内需的若干意见》，文件中指出要推动互联网金融创新，规范互联网金融服务。随后，在2014年3月5日的政府工作报告中，互联网金融这一称谓再次出现，这说明互联网金融已得到我国最高行政部门的认可。在学术上，对于互联网金融内涵的研究，基本上可以分为以下两类：一种看法是，互联网金融并不是一类全新的金融模式，仅仅是借助了互联网这一平台而已；另一种看法是，互联网金融是对传统金融的创新，是一种全新的金融模式，与以往各类金融模式均有所不同。在前一类观点中，陈志武（2014）[6]的看法具有代表性。他认为互联网金融是在渠道和销售这两方面对传统金融的创新，只是技术手段的变化，而非金融模式上的改造，因此其与传统金融相比并没有质的不同。徐义国和殷剑峰（2018）[7]也不认为互联网金融是一种新模式金融，但与陈志武不同的是，他们认为互联网金融是互联网技术在金融上的应用，其本质是金融。王国刚（2014）[8]指出，互联网金融并不会对传统金融行业产生颠覆性的作用。他认为互联网金融在功能上并不具有独立性，因为其本质还是传统金融服务渠道的变化，而非产生新的金融属性。吕凯波和王晓荣（2017）[9]也指出，互联网金融是对传统金融的一种补充，在产品与渠道方面弥补了现有金融的不足，对于促进利率市场化进程以及完善监管也有一定的积极作用。这些学者都是从互联网金融的功能、运行等方面得出的结论，认为互联网金融只是在技术手段上对传统金融或互联网的一种渠道开拓，而没有对金融行业带来根本性的改变，所以归根到底只是科技手段对渠道的更新。但是，大多数的互联网金融学者认为互联网金融是一种全新的金融模式。在众多研究中，谢平等（2012）[5]指出，互联网金融正是一种新型的融资模式，既不同于传统的间接融资，也有别于风投等直接融资，是基于互联网技术的第三种融资模式，其运营模式也有别于传统金融。曾刚（2014）[10]基本认同谢平的观点，他认为互联网金融拥有许多自己所特有的特征，并且拥有很强的创新性和竞争性，但是在某些方面和传统金融还是有一些相似性的。吴晓求（2014）[11]从金融功能这个方向来探讨互联网金融的本质，认为互联网是传统金融基因式变革与系统性压力的一种来源，金融业将发生颠覆性的变化。龚明华（2014）[12]指出，互联网金融克服了传统金融运营方式的缺陷，对实体经济的发展具有更加深刻的意义。彭颖和张友棠（2016）[13]认为互联网金融以现代数字科技为代表，融合传统金融运营方式和互联网，形成了一个覆盖面广、程度深的新领域。黄秋萍、胡宗义和刘亦文（2017）[14]认为互联网金融有助于推动普惠金融的发展，对于推进城市化进程、缩小城乡差距也有着重要作用。

通过上面的分析研究可以发现，互联网金融出现争论的原因主要有以下几个方面：其一，对于互联网本质的认识不同。部分学者简单地将互联网视为一种新的科技手段，另一部分学者则认为互联网是金融交易和组织形式发生根本性变化的诱因。其二，研究及观察视角不同。考虑到当前国内互联网金融业发展的经济及政策环境，学者从广义和狭义两个不同角度探讨互联网金融的本质时，呈现出明显的差异。其三，对互联网金融创新的看法不同。部分学者认为互联网金融创新建立在监管套利的基础上，而另一部分学者则认为互联网金融是经济金融发展到一定阶段且在互联网技术发展与推动之下出现的创新产物。

（2）关于互联网金融的特征

由于国外并没有互联网金融这一概念，所以有关互联网金融的特征研究也是分别针对互联网金融的主要模式和各种表现形式展开的。

在网络银行方面，Shahrokhi（2008）[15]指出，电子金融在降低风险成本和交易成本、提高产品服务质量、拓宽金融产品渠道和可能性方面具有天然优势。Lee（2009）[16]提出，由于互联网的开放性和便捷性，客户可以通过互联网选择更加适合自己需求的金融产品。在网络借贷方面，Yuliya和Gonzalez（2014）[17]认为网络借贷平台有类似于拍卖的特质，能够激发放贷方的竞争，虽然能为消费群体提供金融机会，但可能威胁到放贷方的财务健康。在众筹融资方面，Agrawal等（2014）[18]总结提出了众筹有七大特点。Kuppuswamy和Bayus（2013）[19]认为众筹融资与传统筹集资本有两个重要的不同点：一是资金来源广，但是每个人所投资的资金数目不是很大，项目通常有一个固定的筹集期限；二是潜在的投资者能够看到投资情况，包括投资的最后期限和项目投资者的投资情况。在网络货币方面，Tasca (2015)[20]描述了虚拟货币给金融领域带来的影响，指出虚拟货币带来了潜在的机遇，同时由于其隐蔽性、传染性等特征，在系统性、技术性、法律上等多个方面也存在一定的风险。Guesmi、Saadi 和 Abid 等（2018）[21]用多元 GARCH 模型研究了比特币的性质及其和金融指标之间的交叉效应，得出比特币和黄金、石油、股票等金融资产一样具有套期保值功能，能够降低投资组合的风险。

国内学者对互联网金融的特征也进行了相关研究，我国互联网金融所处的发展阶段划分见图 1.1。

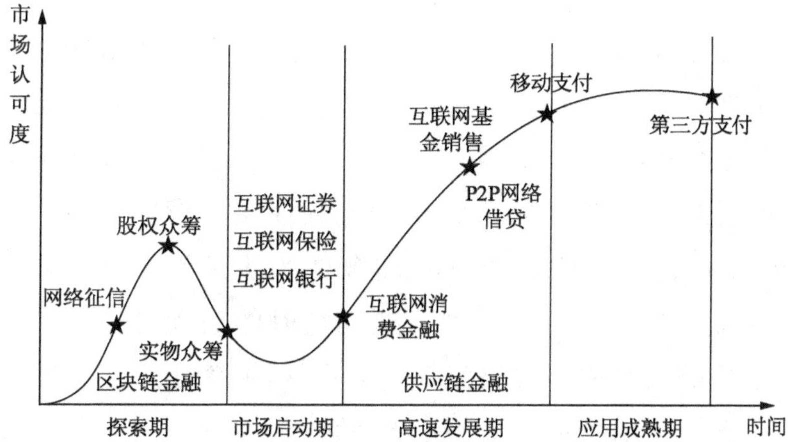

图 1.1　互联网金融模式目前所处阶段

陶娅娜（2013）[22]认为互联网金融具有低成本、高效率和注重客户体验的特点，其从诞生到呈现业态发展，逐渐和传统金融业形成了相互博弈、相互融合及共同发展的态势，是传统金融体系的有益补充。宫晓林（2013）[23]认为互联网金融相比于传统金融具有风险相对对称、资源配置去中介化及资源可获得性强等特点。许海霞等（2014）[24]提出互联网金融在互联网以及大数据等风控技术的支持下，降低了金融活动交易的成本及风险的不对称程度，提高了金融服务的覆盖面和可获得性，优化了资源的配置效率，扩大了金融的普惠性，有利于推进利率市场化。周茂清（2014）[25]从普惠金融和民主金融角度出发，认为互联网金融很有可能表现出自下而上、去中心化及契约重构的特点。互联网金融活动将是点对点、网格化的共享互联，形成风险交互、资源共享、优劣互补和新型契约。每个人的金融价值和金融需求都会在这种点对点、网格化的共享互联中得到充分挖掘和满足。曹风岐（2015）[26]认为与传统金融相比，互联网金融在资金配置效率、渠道、数据风险、交易成本及系统技术五个方面具有优势，互联网金融本质上是一种更民主、更普惠的大众化金融形式。许荣等（2014）[27]从金融功能观的视角探讨了互联网金融的发展逻辑及其存在的潜在风险。

综上，国内外学者对互联网金融的研究不是针对互联网知识的普及，而是对每一种互联网金融的表现形式、产品交易过程及监管措施进行经济学、法学的探讨，或者基于技术、法律的基础层面对互联网金融的发展进行完善和补充。

1.3.2 互联网金融风险管理的研究

互联网金融快速发展的同时，也产生了一系列的问题和挑战，主要包括信息技术风险、操作风险和声誉风险等。国内外学者面对这些问题纷纷展开了一系列相关研究。

（1）互联网金融风险的内涵研究

国外学术界对互联网金融风险中的传统风险和特有风险都展开了相应研究。在与传统金融相似的风险方面，Galloway（2009）[28]在研究网络借贷在社区的发展时指出，由于网络借贷平台上的内容主要来源于借款者和证券发行人，大多数情况下网络借贷平台并不能有效地确认其提供的非财务风险，使得这些内容在提供有用信息的同时，也制造了欺诈机会，而且投资者普遍缺乏防欺诈经验，最终导致更大的欺诈风险。Montolio 和 Trillas（2013）[29]提出电子金融为投资者提供了更多机会和拓展了渠道，让投资者看到了更多的直接和间接利益，从而导致互联网金融交易规模迅速扩大，金融流动性大大增强，流动性风险增加。在互联网金融特有的风险方面，Everett（2015）[30]对比了传统金融风险和在线社会融资风险，认为在群体性在线社会融资中，虽然成员无须承担替其他成员还贷的责任，但个体的延期还贷会影响整个群体的信用级别，这是群体性在线社会融资中特有的共享性风险。Anderson（2012）[31]提出电子支付必须依赖计算机、互联网以及移动通信设备，受线上交易过程中硬件、软件的技术可靠性和完整性的影响，软硬件技术性风险会对互联网金融交易中的资金安全、客户隐私等构成威胁，即存在信息安全风险。此外，Verstein（2011）[32]指出，传统金融中大多数存款是活期，但贷款是长期限，储户为了追求更高的回报随时可能取回存款，从而导致期限错配；而网络借贷中利率和期限都是明确统一的，这使网络借贷成功地规避了期限错配风险。

国内学术界也展开了大量研究。杨群华（2013）[33]指出作为互联网和金融业融合的产物，互联网金融在承担金融业风险的同时，还要承担由互联网技术引起的新型风险，包括技术风险、法律风险以及由虚拟金融服务引起的业务风险等。郑英隆等（2014）[34]认为通过互联网能聚集不同的投资者，随后通过细分互联网金融投资群体，形成不同模式的互联网金融。但在这种情形之下，互联网金融存在大量的不确定性和交易系统风险。霍兵（2014）[35]和陈道炜（2014）[36]认为我国互联网金融风险主要有监管缺失风险、技术安全风险和其他风险。王兴盛（2014）[37]提出从结构-功能角度来看，互联网金融具有金融网、商务网和社交网等多网相互交织的特点。彭景和卓武扬（2016）[38]通过研究认为互联网金融的系统性风险有其特殊性，体现出更加强烈的传染性、负外部性和隐蔽性，风险的可控性也更低。李彩凤和梁静溪（2016）[39]认为互联网金融的风险主要为操作风险、信用风险、运营风险、网络技术安全风险和法律及声誉风险，且各种风险之间具有相对明显的叠加性。

（2）互联网金融风险评估与测度研究

防范互联网金融风险的前提在于对互联网金融风险进行测度，对此国外学术界展开了广泛的研究。

1995 年 4 月，对已具备条件的银行内部，巴塞尔银行监管委员会（BCBS）[40]同意以 VaR 模型为基础，计算其市场风险资本金。VaR 方法逐渐成为金融风险管理的主流方法。Hamdaoui（2017）[41]对1952年以来的投资组合风险度量方法进行了总结，包括VaR-ES等。Consigli（2002）[42]考虑金融市场的剧烈不稳定性，分析了收益分布的厚尾估计以及均值——VaR组合选择模型。Embrechts等（1999）[43]指出了线性相关指标在度量资产相依性时有其局限性，而用函数导出的相依性指标更符合金融市场的实际情况。随后，Bouyé等（2000）[44]介绍了Copula函数在金融领域中的一些应用，把金融风险分析理论推向了新的阶段。Cherubini等（2004）[45]探讨了市场协同效应、套期保值和风险管理等前沿问题。

国内学术界对风险度量的方法进行了研究。宋光辉、吴超和吴栩（2014）[46]分析了在90%和95%置信水平下最优GARCH-VaR和GARCH-CVaR模型，作为对应置信水平下的VaR和CVaR的度量。曹玲燕（2014）[47]采用综合评判法，即运用层次分析法对风险指标赋予权重，采用模糊数学法对指标进行综合评价，识别互联网金融中不同类别的风险。潘庄晨等（2015）[48]认为互联网金融企业适合偏重定价功能的产权产品风险评价模型，金融机构网络投融资平台较适合偏重评价功能的债权产品风险评价模型，开发基于不同参数的风险资产定价模型将成为我国P2P网络借贷平台风险管理的必然选择。王立勇和石颖（2016）[49]采用二层次CRITIC-灰色关联模型构建互联网金融风险评价体系，发现当前互联网金融整体风险及各维度风险在前三季度基本保持有序波动状态。王佼和刘艳春（2016）[50]从互联网金融信用风险的理论分析入手，应用邹氏突变点检验和虚拟变量法对我国传统金融机构近十五年的相关金融数据指标进行了实证分析。

（3）互联网金融风险管理的研究

国外金融风险管理研究已经形成了比较完善的理论体系，在证券、银行等都具有相应的风险管理制度和预警机制，并且统计学、系统工程甚至物理学的理论和方法也被应用于风险管理的研究和实践中。互联网金融风险管理的主要文献如下：

Gibson（1998）[51]提出，伴随着风险管理技术的不断发展，金融机构会逐渐形成高度集中的风险管理体系。Diebold和Santomero（1999）[52]在金融危机研究分析的基础之上，总结归纳出落实管理制度、风险防控机制和采取风险实时评价的办法来解决金融危机。Lo（1999）[53]认为货币风险管理实践建立在美元损失极限上，如风险价值等测量指标，但是这些指标抓住的只是事物的一方面。而完整的风险管理系统一定重视处理另外两个重要因素：价格和偏好。因此，他提出全面风险管理的概念，把这两方面因素和VaR模型有机结合起来，产生一套完整的互联网金融风险管理体系。Selim和McNamee（1999）[54]通过概念分析以及对风险参与、风险管理的认识，把战略规划和经营活动、风险管理有机结合起来。通过引入风险管理思想，内部管理人员可以根据经营计划、战略目标来开展内部审计工作。Pagano（2001）[55]对公司金融、银行风险承担和风险管理活动原理进行了论证，基于公司金融以及有关银行风险承担、套利思想理论，对理论经验检测结果评价，并找到有数据支持的理论。Crawford和Stein（2002）[56]通过调查英国的几家大型企业发现，组织结构对于内部控制和风险管理机制具有十分重要的影响作用。

在互联网金融中，货币的传递和调拨以数字化的风险为表现形式。金融交易因数字风险化存在而不受时间和地域限制。除此之外，网上操作互联网金融的相关业务交易过程透明度低等，加大了金融监管部门监管工作的难度，因而国内互联网金融的从业者和学者在努力加强互联网金融风险防范与管理方面展开了大量研究。苗文龙和刘海二（2014）[57]以金融市场分层为视角，探讨了众筹融资对股权市场分层的影响，深入阐述了众筹融资克服信息不对称风险的方法和激励各方积极参与的措施。刘志洋和汤珂（2014）[58]认为互联网金融企业和监管机构需要特别重视互联网金融的特性，监管当局应有效权衡外部监管与风险控制、金融创新之间的关系，鼓励金融创新，使互联网金融最大限度地服务于社会。赵海荣（2014）[59]提出我国互联网金融风险管理应在市场准入、监管机制、退出机制等方面充分借鉴发达国家的相关方法及对策。陈秀梅（2014）[60]从互联网金融市场管理现状出发，提出构建一套包括制度设计、风控手段和互联网安全标准三个方面的综合管理体系。胡辰（2017）[61]结合 P2B 互联网金融市场的实际情况及风险特点，从发挥市场作用、完善监管模式和及时立法等三个维度提出风险管理方法。阳晓伟、魏家富和房汉国（2016）[62]认为互联网金融在资金管理方面的风险主要来源于机构自身理财产品的风险控制和理财品消费者的管理风险控制。刘伟、夏立秋和王一雷（2017）[63]运用演化博弈理论进行研究，得出提高最重惩罚度上限，互联网金融平台选择“自律”行为策略的概率会增加。范方志、苏国强和王晓彦（2017）[64]提出要回归到金融服务实体经济这一本质要求来加强风险管理，建立健全社会信用体系，提高银行风险管理水平。

1.3.3 商业银行互联网金融风险管理的研究

国外银行互联网金融风险管理体系的研究是伴随其征信市场的发展而同步进行的，有关的学术成果和实践经验也更为丰富，值得学习、借鉴。

Akerlof（1970）[65]对金融风险研究较早，他以印度信用市场为例，研究发现由于信息不对称产生的风险会对经济产生风险。随后，更多的学者开始投入到金融市场风险的研究中。Jappelli 和 Pagano 等（2005）[66]很好地总结了这些研究成果，认为金融机构风险管理的对策可以从风险监管、处置和督促三个方面着手，其目的是惩罚失信人员，增加其再融资难度。Pagano 等（1993）[67]和 Pinheiro 等（1998）[68]通过建模的方式去解释金融风险在不同经济主体之间产生的影响，指出有效的风险评估模型能够减少金融风险发生的概率。Artigas（2004）[69]研究证明有效的风险管理对策能够减少贷款违约的发生，以防多头贷款产生的不良影响。

风险管理体系在金融机构风险管理中发挥着越来越重要的作用，但视角放在金融监管角度的研究则相对欠缺，已有研究主要是从实证和应用两方面进行的。Balzarotti 等（2002，2004）[70,71]采用征信部门提供的数据提出了银行准备金的预估方法，为银行的经济运行提供了参考。部分学者设计的风险管理系统有助于金融机构对风险的防范和控制，其参照的依据是客户信用数据。还有一些学者以案例的形式对风险管理体系进行了研究[72-74]。Foglia（2002）[75]和Kumar等(2014)[76]对商业银行的风险类型进行了区分，设定了风险等级评定标准，并根据风险等级制定了风险评定流程。

国内学者在这方面进行了一系列的研究。彭娜(2016)[77]借助博弈论最优策略模型，分析互联网金融最优发展策略选择，提出商业银行互联网金融风险管理建议。王云鹏（2016）[78]将互联网金融对商业银行的冲击风险加入到风险分析中，通过将SWOT分析与层次分析法（AHP）相结合，对商业银行风险进行了定性与定量分析。杜聪聪(2015)[79]提出互联网金融的迅猛发展使商业银行面临法律风险、信息泄露风险和支付风险等一系列新的风险。刘忠璐(2016)[80]运用SWOT模型，针对建设银行发展互联网金融进行了深入分析，提出了互联网金融下的信用风险管理策略。王德超（2015）[81]在SWOT分析的基础上，结合北京银行开展的互联网金融进行了典型案例分析，指出基于互联网技术而产生的互联网金融新业态将会与商业银行相互融合，共同为实体经济的发展和创业创新提供有效的支持和服务。余淙（2015）[82]以网上银行推广项目为研究对象，得出网上银行风险管理的主要风险类别是市场风险、管理风险和技术风险的结论，提出包括风险识别、风险分析、风险评价和风险控制等环节的风险管理方案。中国工商银行江苏省分行课题组（2016）[83]探讨了商业银行互联网金融风险管理对策，从制定科学战略规划、强化安全控制、健全信息共享、关注流程管理及依法合规创新等方面入手，完善发展互联网金融的体制机制建设。宋光辉、钱崇秀和吴超(2016)[84]构建了流动性风险直接度量模型，并将其应用于我国国有上市商业银行流动性风险度量和对比分析。

综上所述，银行互联网金融风险管理问题是近些年学术界的热点研究领域，目前国外各方面的研究成果大多散见于一些论文或著作中，系统性研究较少。国内学术界对互联网金融风险管理体系建设的研究还处于起步阶段，主要是从大型国有银行的实例出发，对股份制商业银行研究较少，随着社会的发展，研究这一问题的重要性和迫切性愈发显现，因此系统性研究亟须加强。

1.3.4 基于大数据的互联网金融风险管理研究

(1) 大数据的内涵与特征研究

大数据是互联网高速发展的产物，最早应用于阿帕奇组织，通过挖掘海量数据中符合特征要求的数据，以满足一定的商业用途。从大数据角度研究互联网金融风险管理是一个全新的视角，具有丰富的研究价值。

虽然国外学术界对大数据展开了大量研究，但是大数据至今仍没有一个明确的基本概念。*Nature*（2008）杂志将大数据定义为科技进步的产物，代表着人类认知程度的提升[85]。Anuradha 等（2016）[86]、Thurm 等（2011）[87]通过对大数据不同方面的研究，得出同一结论，即大数据并不纯粹指数据量大，它其实是高维度数据的相关性分析。可见，大数据不仅包括海量的数据信息，还具有重要的商业价值。大数据目前已成为热门的研究对象。除此以外，大数据还具有价值性和真实性[88, 89]。大数据为信用机制的建立提供了数据支撑，是众多学者和各大机构研究的重点。

在大数据与传统数据对比方面，Trinitapoli（2014）[90]研究证明大数据能够提供准确的信息，在此基础上形成的算法更有效。Vlahos（2012）[91]通过对大数据的分析预测未来各行业的发展趋势，具有一定的针对性。Rudin 等（2011）[92]、Garcez 等（2014）[93]、Japkowicz 等（2016）[94]为解决一系列的经济问题，利用大数据设计了算法。从现有研究可以看出，对于大数据的研究已经具有一定的成果，也证实了大数据确实优于传统的数据分析，其优势主要体现在三个方面，即数据容量大、结果精确和运算速度快。

国内知名企业或组织也成立了大数据产品团队和实验室，在大数据产业竞争中占据领先地位。国内学术界对大数据尚未形成统一定义。各种界定中较为典型的是：涂子沛（2012）[95]认为大数据之大并不仅仅指容量大，而且在于利用大数据去发掘新的知识，创造新的价值。张引等（2013）[96]认为大数据的关键是如何提取数据的价值，如何利用数据。马建光和姜巍（2013）[97]认为大数据的概念与海量数据不同，大数据不仅用来描述大量的数据，还定义了数据的复杂形式、数据的快速时间特性以及对数据的分析等专业化处理，获得有价值信息的能力。孟小峰和杜治娟（2016）[98]认为对于大数据的定义仍然模糊，要将 3V（海量、高速、类型多样）定义与4V特性（数量、速度、多样性、真实性）相结合。郝玉贵等（2018）[99]、种照辉等（2018）[100]通过对样本数据进行分析，探讨了大数据的价值，发现大数据对城市经济网络具有溢出效应。

（2）大数据分析下的互联网金融风险管理研究

大数据凭借其精确的信息、飞速的运算以及数据容量大等优势推动了互联网金融的飞速发展。正因如此，更加激发了学者们对于互联网金融风险监管和识别的研究热情。

Markose 等（2012）[101]分别对 FDIC 公司的信用违约期和 MIDAS 的 IBM 项目进行了研究，结果显示，采用自动化、可视化大型金融数据集后，可以获得更加精确的风险率，并可以得到美国顶级银行之间的系统性风险相关系数，使风险监管精确高效。Koyuncugil 和 Ozgulbas（2012）[102]对基于数据挖掘技术和 CHAID 算法的财务预警系统模型进行了研究，结果表明该系统可以预见公司财务未来的发展趋势，快速准确地感知潜在的风险，释放预警信号，有助于公司做出长期并且灵活的预案，在降低危机发生概率的同时降低风险管理成本。Tamasauskas 等（2013）[103]研究了将传统数据挖掘工具用于金融机构产生的大数据的可行性，采用了四种不同的传统数据挖掘工具对当地银行数据库中提取的大数据进行了分析对比，结果揭示了传统数据挖掘工具在处理现今金融机构的大数据流时的局限性，大数据对分析软件有更高的要求。Sun 等（2015）[104]针对金融大数据的挖掘，提出了一种广义最优小波分解算法（GOWDA），并进行了验证。结果表明该算法不但降低了计算复杂程度，还减小了逼近误差，提高了计算精度，为金融风险管理提供了更可靠的决策支持，促进了大数据技术在金融风险管理和投资组合管理中的应用。

杨虎等（2014）[105]构建了互联网金融风险预警系统，运用大数据管理工具和分析方法来提前发现互联网金融中潜在的金融风险。林晓轩（2014）[106]对大数据应用的研究表明，将来自于各个渠道的分散数据实行标准化、结构化的处理后，可应用在服务、创新、风险的控制方面。黄昶君和王林（2014）[107]采用大数据技术对商业银行电子商务平台零售业的风险评估构建计量模型，进行了风险评分实证分析。肖肖和骆建文（2015）[108]结合互联网融资平台信用评级的模式及实施路径，对互联网融资平台在大数据信用评级时的风险管理提出了若干建议。张恒庆（2016）[109]从国内外银行应用大数据手段开展经营及风险管理的实践出发，分析了小微数据管理及应用现状，并在内外部数据管理、文化理念与管理机制、模型建设与应用方面提出一系列优化建议。

可见，大数据在股份制商业银行互联网金融风险管理领域的应用还处在起步阶段，需要在这方面展开积极探索，加深理论研究，并将理论与实际相结合，促进我国互联网金融更健康地发展。

1.3.5 研究述评

经过严谨的整理发现，目前对于互联网金融风险管理的研究是一个热点问题，成果颇多，但是很少有从整个互联网金融风险成因及管理角度出发的系统性研究，尤其是对股份制商业银行的相关研究还很少，仍有待进一步深化。主要表现在：

（1）以往的研究多集中于互联网金融单个模式的风险管理，缺乏整体性和全面性，难以有效指导股份制商业银行互联网金融风险管理。

（2）已有的研究所使用的研究方法和手段相对单一，股份制商业银行互联网金融风险具有更强的传染性、负外部性和隐蔽性，风险的可控性也更低，多种风险具有叠加性，单一的研究方法不能对其进行有效管理。

（3）较多研究成果只是站在风险一方的角度，缺乏把政府、股份制商业银行及互联网金融融资方等相关主体结合在一起来构建互联网金融风险管理体系的理论成果。

（4）已有的风险管理模型中参与使用的变量大多属于静态的始点信息，未考虑到融资方的动态行为。融资方的属性特征和行为表现并非静止不变的，融资方和股份制商业银行之间的关系在不同的阶段也会发生变化，这就导致现有的管理模型无法进行动态、持续的风险管理。

（5）对于大数据应用于银行互联网金融风险管理，大数据所提供的信息如何进入模型，如何与传统结构化数据结合建模，对风险计量技术提出了巨大的挑战，目前对这方面的探讨还未形成完整的体系。

综上，本书集中解决的主要问题是，在风险复杂多样的金融环境下，基于由新资本协议所凸显出的银行业内部全面风险管理和外部监管的创新理念这一视角，研究股份制商业银行互联网金融全面风险管理的理论与方法，全面剖析股份制商业银行互联网金融信用风险、市场风险和操作风险管理距离新协议风险管理新理念的差距，结合股份制商业银行互联网金融风险管理现状，针对性研究股份制商业银行互联网金融风险管理的改进路径，根据研究结论和股份制商业银行互联网金融风险管理中存在的实际问题，提出有针对性的建议。

1.4 研究思路、方法与内容

1.4.1 研究思路

本书以信息不对称理论、需求-供给理论、生命周期理论、博弈理论和全面风险管理理论等相关理论为基础，综合运用归纳与演绎、Logistic 回归、BP 神经网络及博弈等方法，紧紧围绕“股份制商业银行互联网金融风险管理”这一核心问题，从股份制商业银行互联网金融出发，沿着“提出问题—理论分析—现状分析—风险识别—风险评估—风险控制”的思路展开研究。

首先，依据研究内容及目的搜查文献，在对国内外“互联网金融”“互联网金融风险管理”“商业银行互联网金融风险管理”和“基于大数据的互联网金融风险管理”研究现状及相关理论进行梳理的基础上，界定本书的核心概念：股份制商业银行互联网金融、股份制商业银行互联网金融风险以及股份制商业银行互联网金融风险管理，在此基础上探讨股份制商业银行互联网金融与传统金融风险管理的差异。其次，通过典型案例探讨我国股份制商业银行互联网金融全面风险管理的现状，从相关政策法规、行业自律约束、银行内部风险管理三个方面分析，揭示我国股份制商业银行互联网金融全面风险管理存在的问题。再次，从经济学需求-供给曲线分析的角度，运用动态博弈的内在机制，构建政府管理部门、股份制商业银行和融资者的动态博弈模型，对股份制商业银行、政府管理部门和融资者三方在互联网金融中的交互行为动态过程进行分析，探索风险形成的机理，在此基础上系统地分析风险的种类，找出风险识别方法，为科学指导股份制商业银行互联网金融全面风险管理的风险评估和风险预测奠定基础。然后，运用 Logistic 回归模型和 BP 神经网络对股份制商业银行互联网金融进行评估模型的构建，采用浦发银行互联网金融消费贷款和小微企业贷款的样本数据进行实证分析，基于风险评估结果提出分级风险预警机制、风险调控措施及大数据风控手段。最后，从国家层面完善政策，补齐短板；从行业层面提高认识，强化约束；从银行层面正本清源，回归本质；从其他层面系统协调、全面管理，构建符合我国国情的股份制商业银行互联网金融全面风险管理体系。

1.4.2 研究方法

本书在研究过程中，综合采用的研究方法主要包括：

（1）文献调研与实地调研相结合的方法

在广泛阅读国内外相关文献的基础上，综述已有理论和研究成果，并对本书所用到的理论基础进行细致梳理，为本书奠定理论基础。同时，为了详细掌握股份制商业银行互联网金融的现状，对股份制商业银行网点进行实地调查，采取一对一的方式访谈银行管理人员以及客户，以获取第一手详细资料。

（2）博弈法

对于风险控制中的各方，一方的决策往往会导致其他各方采取相应的行动以最大化自身的效用。因此无论是作为政策制定者的政府，还是作为规则执行者的股份制商业银行、融资方，都有必要通过分析其他各方的信息、行为策略最大化自身的效用，而这都要借助博弈论的理论和方法。

（3）Logistic 回归

应用 Logistic 回归模型，来检验股份制商业银行互联网金融风险指标维度划分与测度的有效性，将其结果与其他因素一起作为考虑因素，最终确定股份制商业银行互联网金融小微企业贷款风险评估指标。

（4）神经网络方法

现有文献对股份制商业银行互联网金融客户行为的研究都属于解释性的，而神经网络模型不仅是判别互联网金融客户行为的关键因素，还能够对互联网金融融资方行为进行风险预测，为股份制商业银行开展互联网金融提供工具和方法指导。

1.4.3 研究内容

本书在对股份制商业银行互联网金融风险管理相关理论和概念进行梳理的基础上，紧紧围绕股份制商业银行互联网金融风险管理这一主线，对我国风险管理的现状、风险的影响机理以及主体策略选择展开分析。综合运用归纳与演绎，风险评估、风险控制等方法，探索出一条适合股份制商业银行互联网金融风险管理的思路，构建股份制商业银行互联网金融全面风险管理体系，具有重要的理论价值和深刻的现实意义。

本书共分为八章，具体内容概述如下：

第 1 章 绪论。主要介绍本书研究的现实背景和研究意义。在对国内外研究现状进行梳理的前提下，简要阐述本书的研究思路、研究方法、研究内容以及本书的创新点。

第 2 章 股份制商业银行互联网金融风险管理理论基础。首先对本书所涉及的核心概念进行界定，包括股份制商业银行互联网金融、股份制商业银行互联网金融风险和股份制商业银行互联网金融风险管理，分析股份制商业银行互联网金融与传统金融的异同；然后对信息不对称理论、需求-供给理论、生命周期理论、博弈理论和全面风险管理理论等相关理论的内涵进行阐述，为后续模型的构建和相关机理分析提供理论支持及论述依据。

第 3 章 股份制商业银行互联网金融风险管理现状及问题分析。本章在分析股份制商业银行面临的互联网金融挑战和股份制商业银行互联网金融创新基础上，针对近年发展迅速、风险集中且有代表性的互联网金融消费贷款、小微企业贷款，搜集相关案例并对问题进行汇总分析。从国家、行业、银行自身这三个角度总结股份制商业银行互联网金融风险管理现状，提出股份制商业银行互联网金融存在的风险问题，为后续查找股份制商业银行互联网金融风险的类型及风险识别作铺垫。

第 4 章 股份制商业银行互联网金融风险形成机理分

析。本章依据互联网金融市场的需求-供给经济理论，选择风险管理中政府、股份制商业银行和融资者三方，建立主体的动态博弈模型，分别探寻单次贷款、多次贷款下贷前申请阶段、贷后还款阶段博弈各方行为的动态过程，演示不同行为选择对博弈结果的影响。深度剖析股份制商业银行互联网金融风险的形成机理，为后续风险分类和风险识别作铺垫。

第5章 股份制商业银行互联网金融风险类型与识别。本章首先分析股份制商业银行互联网金融与传统金融行业共同存在的风险，包括政策法规风险、信用风险和经营风险；此外，还有互联网金融特有的操作风险、信息技术风险、声誉风险。然后，在股份制商业银行互联网金融层面上，分别根据各类风险产生的特征提出风险识别的方法，以便在风险源头上对其进行控制，减少互联网金融风险的产生。能够准确识别互联网金融风险产生的特征，是成功防范和减少风险的前提条件，也是进一步控制风险传导对其他经济活动影响的根本途径，可为后续建立风险评估模型提供依据。

第6章 股份制商业银行互联网金融风险评估。股份制商业银行互联网金融是互联网技术和传统金融的结合，它具备传统金融与互联网的双重风险特点。本章将基于经济学需求-供给理论分析的风险产生机理和博弈优选结论，对互联网金融风险进行评估。一方面，股份制商业银行互联网金融模式具有多样性，不同的模式之间又具有差异性，其评估指标的选取有所不同，难以用一套指标体系对所有模式进行风险评估。另一方面，由于互联网金融模式之间存在共性，因此对一种模式的风险评估方法能够推及其他模式，所以构建风险评估模型的总体思路一致。然后，选取浦发银行互联网金融消费贷款与小微企业贷款两个板块的数据，对模型进行风险评估的实证分析。由于浦发银行在互联网金融布局上具有先进性，加之消费贷款与小微企业贷款在快速发展过程中暴露出诸多问题，具有借鉴意义。因此运用机器算法中的 Logistic 回归和 BP 神经网络对这两块分别选取风险评估指标、构建模型、进行实证分析，为后续风险预警与控制打下基础。

第 7 章 股份制商业银行互联网金融风险预警与控制。本章依据股份制商业银行互联网金融风险评估的结果，将预警分为严重兼紧急、严重不紧急、不严重但紧急及不严重也不紧急四类。风险预警的过程可以归结为如下流程：监测→预警→归因→处置→监督→预警解除或进一步处置→再监测。根据预警信号的级别，在处置的速度与方式上有所差异。更深层次的是，结合互联网大数据的预警体系，能够将金融机构预警信号的获取范围从内部推向外部，从有限的公共记录推向无限的网络世界。股份制商业银行互联网金融风险预警的优势通常通过信息全面性和更新及时性这两点集中展现。因此要优化股份制商业银行互联网金融风险调控，依据风险严重程度分类处理，平衡风险控制成本，制订风险应急计划。全面应用大数据风险控制手段，探索目前内外部数据的关联性，制定合理的、可实现的建设目标，促进大数据在股份制商业银行互联网经营和风险管理中的全面应用。

第 8 章 研究结论与展望。首先，对全书进行总结。其次，提出构建基于大数据的股份制商业银行互联网金融全面风险管理体系，从国家层面、行业层面、银行层面及其他层面四个层次给出建议与启示。最后，为进一步研究指出方向。

本书研究路线见图 1.2。

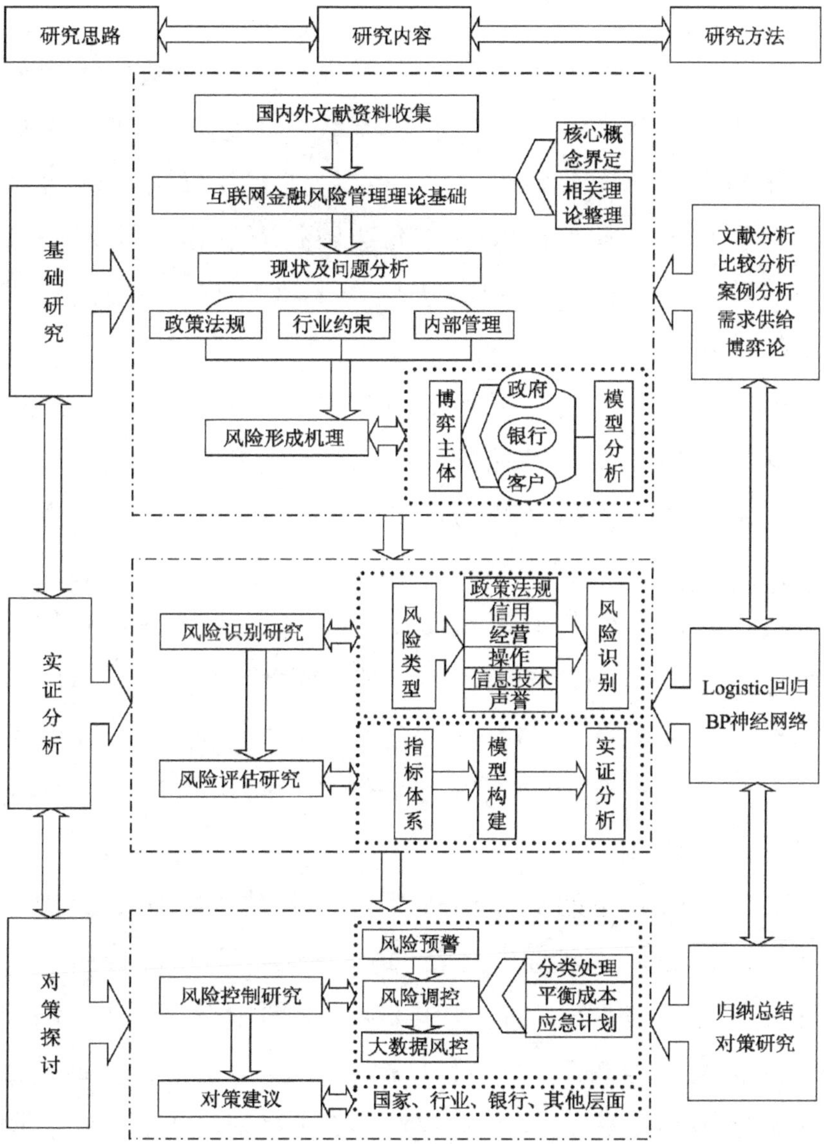

图 1.2　本书研究路线

1.5 本书的创新点

本研究立足于互联网金融发展现状、金融经济转型的背景，结合国家新常态下经济转型升级发展战略，将理论研究与实证分析相结合、定性分析与定量研究相结合，较为系统地研究了基于大数据的股份制商业银行互联网金融风险管理这一问题，在理论研究和方法应用上都具有一定的创新性，主要体现在以下三个方面：

第一，丰富和发展了互联网金融风险管理研究的理论体系。本书从股份制商业银行的角度，以互联网金融为出发点，利用博弈理论构建股份制商业银行互联网金融三方群体动态博弈模型，以股份制商业银行、政府和融资方的三方博弈对股份制商业银行互联网金融风险形成机理进行分析，探寻博弈三方行为的动态过程及动态稳定策略，演示不同行为选择对博弈结果的影响，深度剖析股份制商业银行互联网金融风险形成机理和影响因素，了解各影响因素随时间变化对风险管理的影响。

第二，为股份制商业银行互联网金融风险评估提供了一种新方法。在风险计量技术方面不再受限于判别分析、决策树等传统计量方法，通过运用 Logistic 回归与 BP 神经网络模型，并探索性地将二者组合起来，构建了股份制商业银行互联网金融风险的评估模型，提高了风险评估的准确性和稳定性，对股份制商业银行互联网金融风险评估及风险管理具有借鉴作用。

第三，构建了基于大数据的股份制商业银行互联网金融全面风险管理框架体系。本研究探索性地将大数据应用到股份制商业银行互联网金融风险评估指标选取中，传统的风险管理方法主要采用申请信息、中国人民银行征信等信息开发信用评分模型以及风险管理规则，大数据下的风险管理突破传统的限制，在评估指标选取方面融入非传统数据，通过和传统数据相结合，更全面地进行风险管理。在风险计量技术方面不再受限于传统计量方法。通过运用规范分析与实证分析相结合的方法，构建出一套基于大数据分析的股份制商业银行互联网金融全面风险管理框架体系。

2 股份制商业银行互联网金融风险管理理论基础

本章首先对所涉及的核心概念进行界定，包括股份制商业银行互联网金融、股份制商业银行互联网金融风险以及股份制商业银行互联网金融风险管理，解释股份制商业银行互联网金融和传统金融的异同、风险的新特点以及风险管理新工具。然后对信息不对称理论、需求-供给理论、生命周期理论、博弈理论和全面风险管理理论的内涵进行分析和解释，为后续模型的构建和相关机理分析提供理论支持及论述依据。

2.1 核心概念界定

2.1.1 股份制商业银行互联网金融

2.1.1.1 股份制商业银行互联网金融模式

股份制商业银行是我国商业银行的一种类型（见附录1）。目前，我国共有12家全国性股份制商业银行。股份制商业银行发展迅速，是我国金融行业的重要组成部分，在金融创新上具有重要作用，推动了中国经济的高速发展。股份制商业银行能够聚焦客户和企业，提供高质量高水平的服务，在中国银行业中具有举足轻重的作用，成功弥补了大型国有银行在个人信贷方面的空缺，间接促进了小微企业创新以及增强了其吸纳就业能力，不仅为中小企业的发展提供了资金的保障，也为它们的进一步发展提供策略指导，为我国金融事业的多元化发展贡献力量[110]。

大型国有银行具有资金雄厚、政府信用背书的优势，相比之下，股份制商业银行受到资金、人力等各方面制约，尤其是面对互联网企业冲击下，其转型升级、寻求创新发展的需求更为迫切[111]。股份制商业银行较大型国有银行反应更为迅速，并且更加勇于尝试创新，有利于加快互联网金融战略转型。目前，各股份制商业银行对互联网金融的发展日益重视，纷纷设立专门的互联网金融部或电子银行部负责全行互联网金融，制定和实施互联网金融发展战略，推进互联网金融产品创新、市场推广、业务运营和品牌建设等相关工作，已基本形成如图 2. 1 所示的“互联网渠道 + 互联网账户 + 互联网产品”的体系[112]。

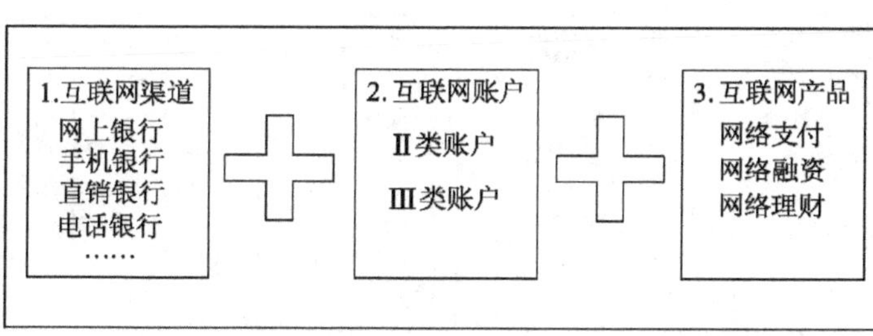

图 2. 1　股份制商业银行互联网金融体系

（1）渠道整合类

商业银行互联网金融渠道不断丰富，功能日益完善，业务种类多元化，服务效率不断提升。直销银行是股份制商业银行拓展行外客户的重要抓手，可以在吸引客户的同时销售金融产品、提高收入。手机银行被打造成移动金融服务综合门户平台，具有丰富的产品、完善的服务功能，能够帮助银行提升客户黏性。网上银行的发展目标是构建成客户办理复杂交易的首选渠道，目前企业网银发展稳健。此外，银行也在提升自助银行、微信银行等渠道服务客户的能力，以期进一步增强客户黏性。

（2）账户类

2014 年以来，互联网账户监管政策不断放开（见图 2.2），目前已经初步建成个人互联网账户体系。商业银行互联网账户体系将建立起自用和输出两种模式，自用模式是银行为Ⅰ、Ⅱ、Ⅲ类个人账户提供分级服务，输出模式是银行将互联网账户输出给合作机构。

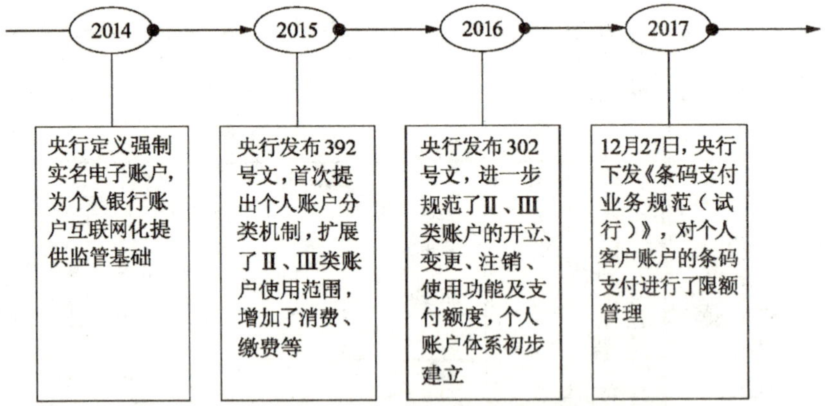

图 2.2　人民银行互联网账户监管政策的推进

（3）产品类

目前股份制商业银行纷纷布局支付、理财及融资三大互联网产品线，实现互联网金融业务突破。在网络支付方面，在移动支付、扫码支付成为趋势的前提下，银行大力布局移动支付，已有多家银行推出二维码支付产品或者以聚合支付的方式切入二维码支付市场。在互联网理财方面，银行理财产品已实现在网上银行、手机银行、直销银行和电商平台等互联网渠道销售，部分银行理财产品互联网渠道销售占比80%。在互联网投融资方面，股份制商业银行网络融资产品以互联网消费贷款和小微企业贷款为主，部分产品已实现全流程线上办理，但有些产品仅实现了贷款申请的线上化，贷款审批、签约等仍在线下完成。

2.1.1.2 股份制商业银行互联网金融与传统金融的异同

互联网金融与传统金融有共同之处，也有差异之处，互联网金融是对传统金融进一步的沿袭和发展。

（1）互联网金融是对传统金融的沿袭

首先，互联网金融从本质上而言是一种金融契约，金融契约的形式虽然发生了变化，但其本质不变。其次，与传统金融一样，互联网金融服务于实体经济，实现合理的资源配置，满足实体经济的需求，互联网金融核心功能和服务对象不变。再次，在互联网金融中，传统金融风险仍然存在，尽管互联网金融具体监管措施与传统金融不同，但金融监管基础理论仍然适用。

（2）互联网金融是对传统金融的变革

互联网金融与传统金融的最大区别在于互联网的介入，

随着信息技术水平发展程度的不断提高，互联网与金融的融合度也在深化。

在技术设施上，移动互联、大数据和云计算是当下最核心的技术，也是未来互联网金融发展的核心技术。移动互联方面，移动通信是金融服务领域新的核心交互渠道，使金融成为随手可得、随时直通的具象化服务。大数据方面，数据的积累从量变引发质变，数据信息逐渐成为独立的商业资本与经济要素。云计算方面，其促进了互联网金融的普及和运用，降低了技术门槛，使得中小金融机构也能开展互联网金融创新，同时提高了技术的灵活性，银行通过跨界合作可以向地域分散、较难建立联系的客户提供金融服务[113]。移动互联、大数据和云计算的发展为信息化的经营开启了新的里程。

在创新思路上，通过大数据分析，银行提供差异化产品服务，客户提前将自己的诉求表达给银行，银行根据客户的需要设计产品，客户参与到金融生产过程中。对企业来说，生产和销售也是打通的，产供销的边界逐渐模糊，实现纵向一体化[114]。此外，银行更加重视普惠金融创新，通过大数据挖掘庞大的“长尾市场”，寻找新的潜在盈利点，传统的“二八格局”被打破。

在经营理念上，首先，服务模式更加短、平、快。借助移动网络，客户不需要去网点，可以在线办理各项业务，也可以随时和在线客服互动咨询。其次，线上线下相协同的O2O经营模式，使银行能够在线开展标准化金融销售和服务，覆盖范围更广、效率更高、成本更低。对于结构复杂、风险较高的金融服务，通过线下网点开展。最后，银行通过跨界合作达到共赢。金融服务次生化、场景化，银行与外部企业开展跨界合作，形成1 +1 >2 的融合效应。

传统金融和互联网金融的具体区别见表2.1。

表2.1 传统金融和互联网金融的区别

项目	传统金融	互联网金融
融资方式	间接融资	直接融资
支付方式	通过人民银行系统清算	第三方支付系统，不通过人民银行清算
渠道	线下	线上
产品	种类少	多样化、个性化定制
成本	门槛高、交易成本高	易得、成本低
风险评估	复杂	流程标准化，过程简单
信息	信息不对称程度高	数据维度丰富、信息不对称程度低

互联网金融创新对传统金融在技术设施、创新思路和经营理念上的变革，造成了两者在风险及风险管理上的差异。

2.1.2 股份制商业银行互联网金融风险

2.1.2.1 股份制商业银行互联网金融风险的内涵

巴塞尔银行监管委员会在1997 年9 月制定了《有效银行监管的核心原则》，这项原则中提到银行业的风险有八大类，分别是信用风险、国家风险和转移风险、市场风险、流动性风险、操作风险、利率风险、法律风险及声誉风险。1998 年3 月，该委员会又发布了《电子银行和电子货币业务的风险管理》，提出主要的电子银行及其货币业务中最重要的风险是声誉风险、操作风险及法律风险。

关于银行互联网金融风险的内涵，本书借鉴该委员会对电子银行风险的解释。该委员会还提出，在电子银行业中，客户使用网络等一些电子通道并不会产生新的风险，它们仅仅为客户提供产品，或者作为一种服务的手段和途径存在。但是，因技术操作而产生的风险将更多，这将导致银行的经营风险也会增加。根据巴塞尔委员会在2003年7月颁布的管理原则，即《电子银行风险管理原则》，其中由技术因素引发的风险有信用风险、市场风险、国别风险、流动性风险等。

美国财政部货币监理署曾在1999年10月发布了《总监手册——互联网银行业务》，在这本手册中，将电子银行风险划分成信用风险、流动性风险、合规性风险、价格风险、汇率风险、利率风险、信誉风险、战略风险和交易风险等九类。

中国银监会认为电子银行业务主要存在两种类型的风险，同时这些风险又被赋予新的含义。一是系统安全风险，包括数据传输、计算机病毒和系统设计方面的缺陷；二是传统银行的固有风险，包括信用风险、操作风险及利率风险等。

关于互联网金融风险的分类暂无统一定论，但是经营风险、信用风险和政策法规风险等在互联网金融中仍然存在，只不过在表现形式上有所变化。此外，互联网金融有其所特有的风险：操作风险、信息技术风险和声誉风险。

2.1.2.2 与传统银行风险相比的新特点

(1) 互联网金融风险的新特征

互联网金融的技术方式及手段决定了其风险的特征。李伏安将互联网金融风险的特征概括成四点[115]。

第一点，风险扩散速度快，破坏力较强。与传统金融相比，互联网金融交易发生差错的时候很难立刻得到纠正，因为它不是通过“书面”或者银行的内部系统进行交易，且运作速度相当快，想要对它进行拦截是非常困难的。

第二点，互联网金融风险具有交叉感染性。由于互联网金融渠道的扩展，银行监管体系对自身风险的监控管理效力大不如前。传统的监管方式，比如市场准入规则、业务办理方式等，可以隔离传统银行的风险。然而，之前的监管方式在互联网金融背景下却不那么行得通，它加快了风险传播速度，保险、证券业务运作偏向电子化，加大了互联网金融交叉传染的可能性。

第三点，风险责任划分变得模糊。股份制商业银行发展互联网金融，有的情况下会将一部分业务外包出去，因此会涉及电信、电力和外包商等其他合作方。当一个合作方服务发生中断、系统崩溃和信息被泄露等情况时，也会对银行的业务产生影响，并且这些责任的界限是难以区分的，无法很快就相关损失的赔偿问题得出解决方案。

第四点，互联网金融的风险监控难度大。信息通信技术在银行业界的应用加大了对其风险的监控难度，监管者无法完全掌握银行的内部信息，这导致双方之间信息不对称性加大，因此监管者无法提出有效且有针对性的解决方案，甚至会出现误判，最后使得监管措施与现实情况相背离。

（2）互联网金融新风险与传统风险的比较

与传统金融风险相比，互联网金融风险更为复杂隐蔽，一方面，互联网金融风险的本质未发生变化；另一方面，互联网具有的技术性、虚拟性等特点，使互联网金融具有一些特殊的风险，因此具有二重性。

一是互联网金融中技术因素的风险较高。互联网金融的发展是以电子商务技术和信息通信技术的快速发展为依托，而互联网金融风险中的一个重要且关键的因素是技术因素。所以技术因素的潜在风险使得互联网金融在发展过程中也会遇到类似的风险。股份制商业银行发展互联网金融，其对技术风险的监管能力受到管理人员对相关风险的认识及理解能力的影响。另外，银行常常选择将一些非核心业务外包给外部公司，从而技术风险也会被转移出去，因此银行对技术风险的管控很大程度上取决于相关外包公司的管控水平。所以，在进行互联网金融风险控制的时候，必须综合考虑各种风险的发生概率，既有传统风险，也有技术方面的风险，比如在互联网上进行金融交易需要更高级别的资金安全保障措施，因为技术风险一旦发生，银行的声誉将毁于一旦，并且会面临法律惩罚[116]。

二是技术发展日新月异，需要具有前瞻性的风险管理策略。随着信息通信技术的快速发展，一方面给互联网金融带来了重要的技术支撑。但是，另一方面也对互联网金融的风险管理能力提出了更高的要求[117]。比如，在网银上进行支付时，一开始只要文件证书，接着是金融口令卡以及 U 盾证书，金融技术的现代化水准在明显提升，传统的技术风险防范措施仅针对银行端，现在则是在此基础上还涉及客户端，多重的风险防范使得安全性得到显著提高；以前银行官网上只有业务介绍，现在则多了互联网金融风险防范专区，介绍具体的防范措施，以及需要特别注意的风险。这说明银行正在不遗余力地进行风险管理，以确保客户的资金安全。

三是互联网金融的外包模式加大了信息风险。为了集中精力发展核心业务，银行选择将一些非核心业务外包给服务提供商，服务提供商的专业化服务大大促进了互联网金融的发展，银行处理业务变得更高效、更专业。但这同时也产生了一定的问题，例如当服务提供商没有办法满足消费者的独特性需求时，消费者就会到相关部门进行投诉，法律纠纷事件就会发生。

四是互联网金融的跨境交易风险突出。互联网金融的崛起为银行开拓海外业务提供了捷径，这种跨境交易的风险比国内交易要大得多，因此需要加大对这方面风险的重视。第一，银行需要了解业务领域交易对象（东道国）的法律条文，尤其是消费者保护和互联网金融方面的相关法律部分[118]。第二，对跨境的互联网金融交易的管辖权争端。第三，假如发生互联网金融纠纷事件，相关方面需要确认究竟使用哪国的金融法律加以处理。

总而言之，虽然银行业的金融框架发生了明显的改变，但是仍然面临着很多方面的传统风险，比如，信用方面、资金流动方面、法律执行方面等，这些风险依然是摆在银行业面前亟待解决的矛盾，且会对银行业的稳定发展产生不可忽视的影响。在信息化技术不断发展的环境下，银行必须合理利用金融科技，借助金融工具对银行业中的风险实施控制，及时对风险实施有效监管，并不断提升银行对市场变化的适应能力，进而推动银行业的稳定发展。

2.1.3 股份制商业银行互联网金融风险管理

2.1.3.1 股份制商业银行互联网金融全面风险管理流程

银行应当建立符合国际标准的风险管理机制，严格遵照《电子银行和电子货币交易的风险管理》中的规章内容。其中应当包含风险估评、风险控制和风险监控等风险管理流程的具体内容。

（1）风险评估

互联网金融风险评估，首先应能准确定位风险并将其量化，对不能量化的风险则应采取其他合适的方法进行分析评估；其次，对于银行能够承担的风险水平和程度，管理层也应进行评估；最后，管理层结合以上步骤已得信息，判定银行是否能够承受所面临的风险。

（2）风险控制

在对风险进行评估后，应对风险采取措施加以控制规避。风险控制指的是风控人员采取不同手段，降低乃至消除风险发生的概率，或者为管理者减少风险事件发生时造成的损失所进行的规避。风险控制包含：提升系统内部应对风险的能力，制订科学的技术管理方案，以及制定各类准则；重视外包业务风险，加强对外包业务风险的评估和管理；制订针对突发风险的应急措施方案，提前告知用户并预演，将风险评估流程定期化；落实互联网金融的职责分离等，这些风险控制手段都应能找到对应源头。

（3）风险监控

对风险的监控是除评估、控制两个环节外的另一个环节。在银行风险管理领域，持续监控银行业务十分重要，尤其在互联网金融领域。

互联网金融的性质与科技创新紧密相关，随其发展不断变化，互联网金融面临的风险也因对开放式网络的依赖而更加复杂难控。

对于互联网金融而言，系统检测与审计是风险监控的核心。有关互联网金融风险管理流程见图 2.3。

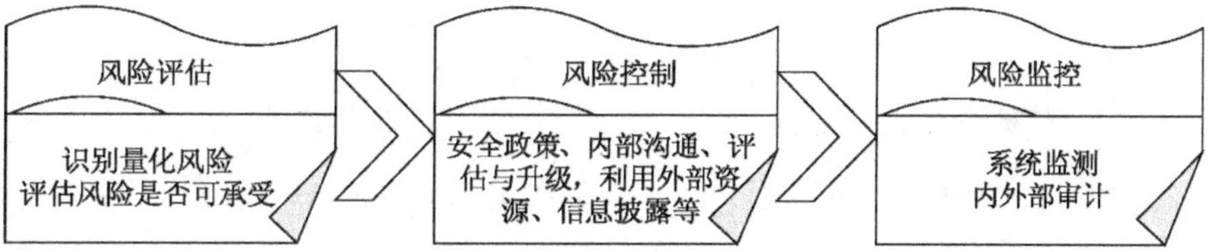

图 2.3　互联网金融风险管理流程图

2.1.3.2　股份制商业银行互联网金融风险管理与传统风险管理的不同

为了稳固金融业的核心竞争力，风险管理要一直发挥其长久以来的作用，随着更先进的金融科技不断涌现，风险管理的手段也在向实用高效的方向进步。本书将从以下几个方面分析传统金融风险在互联网金融创新中的新特点，以及互联网金融具有的风险。

（1）信用风险

金融科技的运用一方面便捷了金融服务的推广，另一方面提升了高风险客户的投资积极性，进而获得更大的消费者群体。比如，互联网借贷产品对一项融资进行的多次授信，仍然是网络个体借贷用户面对的一个难题。这一类别的借贷产品由于缺乏对整个周期的风险检验，其风险很有可能被错误估计进而导致定价偏失，从而使得整个金融行业的风险都被提高。

量化管理和控制风险是针对普惠金融的主要风险管理方式。由于我国现阶段个人征信仍处于初步发展阶段，对网络大数据技术的运用仍未普及，因而这一科技化的风险管理方式有很大的发展前景。特别是对小额且较为分散的金融业务，大数据也能准确地计量其内部风险变化的趋势，进而更好地管理整个资产组合的风险。

（2）市场流动性风险

互联网金融领域的最高要求是实现用户良好的体验。利用日新月异的科学技术开发便利用户的新产品，并充分利用当下大众媒体强大的宣传功能，提高产品在社会上的知名度和影响力。商业银行尤其应当提高金融服务领域的能力，提供便捷的产品服务和客户服务不仅能够开拓客户群体，也提高了服务与产品交付的频率，有效提升向市场反馈由于资金资产流动和市场价格波动导致的风险的速度。各类金融机构要对波动有深刻的认识和积极的应对，并深刻理解到，波动的产生具有两面性，其既能体现资源分配的灵活性，也使得风险管理面临着更大的考验。可率先运用各类先进人工智能技术和大数据技术，以及更多有效识别和管控风险的金融科技工具。

（3）网络与信息安全风险

互联网金融生态的普遍现象为领先信息科技的应用，如将各类信息网络化、数据化转化，在线自动处理。在金融领域的网络安全方面，外包服务和数据对接等相关业务的壮大为其管理带来许多问题，偶尔会发生客户数据泄露等情况。因此，股份制商业银行应致力于开发有关数据从搜集至终期销毁全流程的安全管理体制机制。

（4）操作风险

此类风险属于金融风险中较为传统的一种。随着各类技术日渐广泛地嵌入股份制商业银行的各业务环节，技术流程中的操作风险应得到更多的重视。技术是一把双刃剑，一方面便捷了整个操作流程，但另一方面也提高了风险发生的可能性，技术的可靠与稳定与否都应受到股份制商业银行的严格监管。

如今许多普惠金融领域的企业都采取专业技术来实现反欺诈风险防控，取得了良好的成效。尤其是大规模业务转移至线上后，此类基于大数据和智能化的相关专业技术成为开展互联网金融的重要基础。掌握此类技术是股份制商业银行巩固提升核心竞争力的有效手段。

（5）法律及合规风险

互联网技术如今得到众多银行的运用以开发新产品，这种技术运用虽然在一定程度上实现了对传统金融模式的改进和完善，但是也带来了一些负面影响，比如，它使得技术使用和法律制度之间的一致性被削弱。这类风险虽然隐蔽，但一旦暴露后果重大，应当得到各股份制商业银行的重视。

将监管沙盒体制与互联网中的“试错性创新”进行结合，实时反馈总结实际开展过程中出现的问题，进一步提升股份制商业银行应对风险的能力，这是金融业正确应对监管博弈的有效途径。

（6）声誉风险

普惠金融的发展离不开金融领域科学技术的普及，但技术发展也伴随着对普通投资者的相关知识教育要求的提高。金融行为主要包括金融产品的购买、交付以及投资和借贷等，不同客户对金融产品和服务有着不同的需求，股份制商业银行应实行差别化推销和服务，且在服务过程中无比明确地向客户告知其相关消费所包含的风险责任，避免未来客户试图将风险和损失进行转嫁，影响股份制商业银行自身的利益。从资产管理的角度来说，应对投资者进行明确的风险信息披露，防止其对非保本金融产品产生刚性兑付的预期，进而尽可能弱化股份制商业银行所面临的外部压力。而金融科技的运用，将使得对不同用户的需求、能力的智能处理成为现实，推动整个行业的发展。

2.2 金融风险相关理论

2.2.1 信息不对称理论

该理论的研究起源于20世纪70年代学者对市场经济现象的研究，在80年代获得了进一步的发展。信息不对称现象普遍存在，尤其在信贷活动中，由于信息不对称导致风险的表现尤为突出。现代微观经济学理论假设经济活动参与者充分掌握了相关信息，但是实际情况是经济活动参与者并不能完全把握所有的信息，分析和处理信息的能力也不会完全相同。所以，由于对信息掌握程度的不同，经济活动参与者所获得的市场利益就不同，这些会对市场的资源配置效率产生影响。这种信息不对称的现象更直观、充分地体现在借贷市场中。

从经济学层面考虑，该学术理论的内容包含两个方面：第一个方面，具有信息优势的一方用错误的引导方式要求另一方签署不平等的合约，产生逆向选择；第二个方面，具有信息优势的一方对处于信息劣势的一方不出资投资，因为违背合同的规定，投资风险较高，从而使投资人的利益受到损害。这属于道德风险。另外，信息不对称还会影响信贷配给，就是说银行不对一些符合条件的融资方放款，是为了避免逆向选择的发生。

从当前的研究来看，处理信息不对称问题的主体是政府和市场。市场被称为无形的手，市场机制本身在一定程度上可以解决信息不对称问题。在市场中，处于信息劣势的一方可借助搜集市场信息的途径来减小和对方的差距，在市场交易中，信息是十分广泛的，经过对这些信息的研究，就能总结出竞争对手的战略目标，并根据这些信息采取相应措施。但是这些信息很难分辨真假，因此必须对信息做出必要的选择以避免风险。约束激励机制，也是委托代理理论的一个基本思想，借助签署契约的形式，对信息不对称的风险实施有效规避，并明确双方要承担的责任，如果违背合同规定则采取处罚措施。

政府被称为有形的手，如果市场这一无形的手无法解决信息不对称问题，就需要政府进行干预。政府也要加大对市场的管理力度，并颁布科学的管理条例来提升市场交易的规范性和公平性，采取不同的措施来改善信息不对称问题。

信息存在于生活中的各个角落，尤其在金融活动中随处可见。在互联网普及之前，传统金融机构接受传递信息并对信息进行分析处理比较滞后，使得借方与贷方之间的信息不对称情况非常严重。但如今互联网信息具有公开、平等、协作、共享的特点，互联网信息技术的运用对金融领域产生了深远的影响，明显地解决了信息不对称的问题。

通过互联网金融的变化史可以发现，互联网金融是信息化时代发展的必然产物，它对市场框架的调整及经济行为的改进均将产生不可忽视的影响。

基于信息技术的互联网金融具有明显的进步性，最显著的表现就是信息传输的速度明显提升，信息处理的实效性增强，更重要的是，现代化的信息传输具有极大的灵活性，可以随时随地完成信息的传输。任何时间都可以把信息上传到互联网，给信息需求者提供了很大的方便。在互联网出现后，通过互联网来传递信息成为生活中的普遍情况，例如，线上支付功能、信息披露功能等，网络将各种信息融合为一体，缩小信息获取的渠道，对提高信息使用者的工作和生活效率起到很大的作用。

互联网拥有高效传递信息和处理信息的能力，它利用拓扑结构把众多的计算机连接起来，将众多的信息处理任务分配给每台计算机进行解决，突破了以前只能使用一台计算机进行处理的方式限制，提高了信息处理的能力。最显著的特征就是信息传输的速度明显提升，信息处理的实效性明显增强，网络将各种信息融合为一体，且各主体都是信息处理的一部分，从而使得处理信息的能力进一步增强[119]。

传统金融机构获取生产经营、财务和信用信息是通过小微企业或征信机构被动获取的，不能确保信息的真实性，造成企业和银行之间的信息不对称。而互联网金融能够得到小微企业的软信息，如财务状况、经营情况等，这些信息和传统金融的信用征信体系的作用几乎是一样的，并且这些数据是主动得到的，对于小微企业的发展状况、财务能力等有更真实的评价。因此，通过大数据，互联网金融可以解决小微企业融资中的信息不对称问题[120]。

2.2.2 需求-供给理论

该理论对经济运行产生了巨大的影响，也为经济理论的研究提供了重要的保障，具体的内容是，供给与需求对产品的生产产生着巨大的影响，该理论同样可以应用到金融界。

新古典供求理论是古典经济学术理论和供给-需求学术理论的融合，具体的内容是，把供求关系进行量化，然后形成一门新的经济学分析工具。包括：

（1）需求理论

需求是指在某一个时期，确定的价格水平下，消费者想要并且能够支付得起的商品数量。它需要支付能力和购买欲望相结合，两者必须同时满足才能成立，成为需求。西方经济学认为影响需求的因素很多，有价格、消费者偏好、替代品等，但是价格是其主要影响因素。在一般的分析中，均假设其他条件不变，只观察价格与需求量之间的关系，并且这两者之间呈负相关关系，存在边际效用递减规律。

（2）供给理论

供给是指在一定价格水平下，生产者想要生产并能够生产的商品数量的总和。与需求一样，供给必须是供给欲望与供给能力的一致，缺一都不能成为供给。西方经济学认为影响供给的因素很多，包括要素价格、替代品和相似品的价格及技术水平等，其中价格是供给的重要影响因素。同样，供给理论也是假设其他条件不变，只描述供给量与价格之间的关系，并且这两者是呈正相关的。生产者总是追求利益最大，并且由于边际效应递减规律的影响，生产者的均衡点必须处在这个位置，即边际成本和边际效应相等，才会使生产者效用最大化。

（3）市场均衡学术理论

经过对这一理论的研究，不难看出，市场均衡点是供需两曲线的交点，而均衡点表示的市场价位和产品的均衡价位是相等的，是市场稳步调节的产物。处于均衡点的时候，供求双方都愿意维持现状，不做出改变。任意一方发生变动，都会导致非均衡状态，但是最终都会形成另一个新均衡点。

股份制商业银行正处在传统金融时代向互联网金融时代转变的关键时期。以往几年，互联网企业之所以被称为金融行业的搅局者，被认为对银行业金融机构具有颠覆作用，是因为它们在市场中主要起到了替代作用，抢占了传统金融行业的市场份额[121]。

近几年，银行业金融机构纷纷试水互联网金融，并着手布局互联网金融。银行业金融机构通过创新与变革实现转型升级，互联网企业的冲击作用逐渐减弱，其“鲶鱼效应”逐步显著。互联网金融激活了金融市场的潜力，通过挖掘新客户群，创造出新的市场需求，拓展了金融市场的边界，做大了“市场蛋糕”，对银行业金融机构的影响则由替代效应转换为收入效应，见图2.4。互联网金融是对传统金融业的一种补充，促进了金融服务多层次、多元化发展。

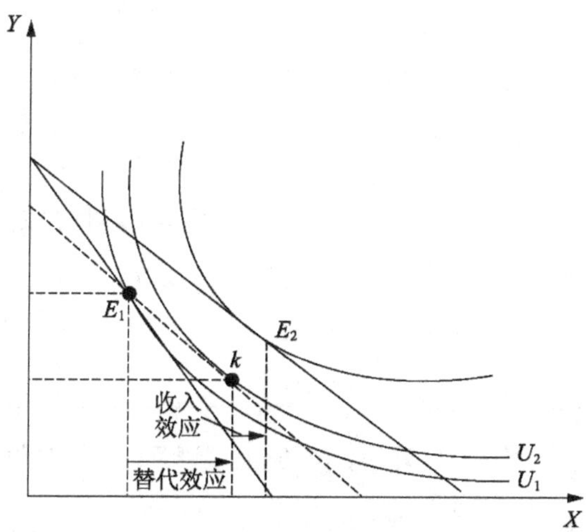

图2.4 互联网金融对银行的作用形成新均衡点

2.2.3 生命周期理论

企业金融成长周期理论（Financial Growth Cycle Theory），即生命周期理论强调注重小微企业不同发展阶段的特点来选择企业融资方式。该理论起源于20世纪70年代，由韦斯顿和布里格姆按照企业在不同发展阶段的融资情况进行归纳，他们将企业的生命周期分为初创期、成熟期和衰退期三个阶段，并得出在各个发展阶段，企业将选择与之相匹配的融资方式的结论。由此可见，企业的融资过程并不是单一固定不变的模式，而是一个动态调整的过程。随后，韦斯顿和布里格姆对以往成果实施了改进，将企业的金融成长周期分成六个阶段：创立期、成长期（其中成长期分成三个阶段）、成熟期和衰退期（见表2.2）。

表2.2　企业生命周期阶段与融资方式选择

生命周期阶段	融资方式
创立期	内源融资、天使投资、贸易贷款
成长期Ⅰ	内源融资、贸易贷款、风险资本、银行短期贷款、留存收益
成长期Ⅱ	风险资本、金融机构贷款、留存收益、长期借款
成长期Ⅲ	长期借款、公开市场、公司债券
成熟期	公开市场、公司债券
衰退期	破产清算或并购

国内研究人员也对小微企业的融资成长周期学术理论展开了探究，所取得的研究成果也是十分丰富的。李巧莎(2013)[122]，陆岷峰和葛和平（2016）[123]，王雪原、王玉冬和徐玉莲（2017）[124]，周青、邹凡和何铮（2017）[125]等学者均总结出比较完善的研究成果，这些理论成果对国内小微企业的融资框架的配置具有较高的实用性。

1998年，Berger和Udell指出，Weston和Brigham的研

究没有考虑企业信息等隐性特征的影响。他们基于后者的研究成果，对金融成长周期进行完善，考虑对企业融资结构产生影响的因素包括企业的资金需求、资金规模、信息管理等，借助信息不对称理论创建了较为完善的融资研究模型，并归纳出重要的研究成果，即在企业发展的过程中，融资途径和融资框架会产生变化。企业在刚创建的时候，信息封闭，主要依赖内源融资，面对市场及技术方面的风险，这时企业的资金来源主要是自由者和业主的资金。正在发展中的企业，因为拥有一些用于抵押的资产，从而提升了企业的信誉度，也提升了企业的融资能力。当企业发展得比较成熟的时候，拥有完善的财务制度，可以公开在市场上发行债券等，通过融资渠道获取需要的资金。发展到后期处于衰败的企业，此时由于企业的产品和资源都濒临淘汰，企业需要进行创新，另寻机会才能够继续生存下去。总的来说，刚成立的企业融资渠道较窄，融资较少。之后随着企业的发展，融资渠道越来越广，融资较多，要根据企业的发展阶段确定融资方案。

我国金融业中的缺陷表现在两个层面：第一，金融资源配置不科学，金融资源均集中在大型金融机构；第二，金融资源和实体经济的对应性不强。伴随着信息化技术的不断发展，金融媒介的功能逐步弱化，加速推动了金融业的变革与创新，银行业金融机构对服务工具实施了改进和完善。同时，金融资源的配置发生了一些改变，市场交易的投入减少，为长尾客户提供了有利的发展契机，也拓宽了金融业的渠道，缓解了金融缺口和信贷配给不平衡问题，起到了普惠金融以及改善小微企业融资难的作用。互联网融资能够解决传统金融信息不对称、交易成本高的问题，使得金融组织框架得到明显的改进和完善，也提升了金融业的产业优势。因此，互联网金融作为新兴融资模式，将进一步为小微企业融资提供新渠道。

2.2.4 博弈理论

博弈论，又称决策论，既是现代数学的一个新分支，也是运筹学的一个重要学科。1944 年，博弈论开始得到系统研究的标志是约翰·冯·诺依曼和摩根·斯特恩合著的《竞赛论与经济行为》的出版。随后，又相继出现了纳什均衡、贝叶斯纳什均衡、精炼纳什均衡等定义，对博弈论进行了补充。国内学者对博弈的解释是，参与人在一定的规则下，同时或先后，一次或多次，从各自允许选择的行为或战略中进行选择并加以实施，而取得相应结果（支付函数）的过程[123]。该理论指的是尽可能找出参与者在他们可以选择的战略下的平衡点，且对这些结果展开分析。20 世纪 70 年代，该理论运用到经济学界，这与追求利益最大的经济学理论有很大的相似性，因此，博弈论经常被应用在经济学中，作为一种经济分析方法。

博弈也是运筹学的一个分支，是对参与者行为决策的影响所展开的研究。博弈论要达到的目的是参与者获得最大化利益。博弈论一般是对竞争者所掌握的信息实施研究，借此对其行为进行推断，再以此为根据，制定科学的行为措施的过程。针对规定的制定方，借助博弈的研究，实施对风险的有效规避，缩小经济差距，进而提升市场交易的规范性和公平性。因此，无论是政府（规则制定者）还是银行（规则执行者），为最大化自身的效用，都有必要分析其他各方的信息、行为策略，而这些都要借助博弈论的理论和方法。博弈论分析流程见图 2.5。

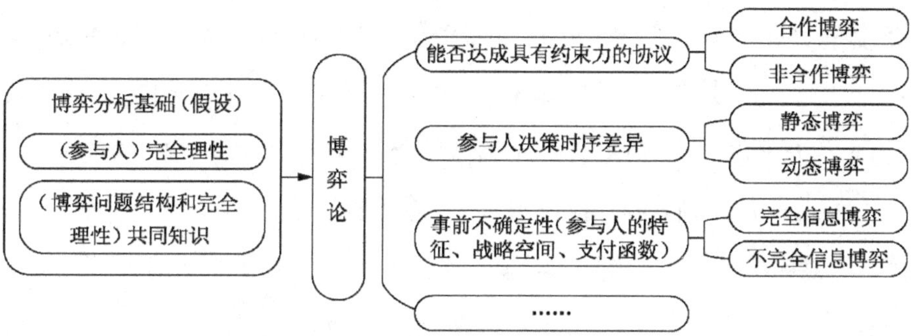

图 2.5　博弈论分析流程

针对小微企业在信贷市场上信贷资源的分配问题，可以立足于博弈论的层面展开研究，在我国，学者们探究的侧重点是借款人信贷以及商业银行的信息不对称，这些问题导致了严重后果[126]。

许天骆和王亭熙（2012）[127]从博弈论的角度，借助信号传递研究模型与声誉研究模型，归纳出重要观点，即对商业银行信贷业务信息的管理有助于提升银行和借款方之间的信息对称性，为银行制定完善的商业措施提供保障。同时也指出，借助提升商业银行信号的信息鉴别能力，以及加大和企业的合作力度，有助于提升银行对信贷风险的管理力度。彭鹏（2016）[128]借助博弈对信用行为展开了分析，并归纳出产权激励体系、失信惩戒体系及道德约束体系，为信用体系的建设提供建议。李峰（2017）[129]通过自底向上的多智能体建模途径，借助演化博弈模型对信贷市场中银行与企业演化博弈展开了系统性的分析，并得出重要结论，即银行间的信息沟通有助于减少风险损失。孙回回（2010）[130]通过研究得出，企业声誉是一种科学的信息传输途径，较好的信誉度有助于降低银行对资金需求方的信息不对称导致的风险，并且通过建立商业银行与资金需求方的融资博弈模型，发现良好的声誉可以增加企业的贷款概率。

我国股份制商业银行互联网金融信贷市场是一个参与主体多、供求双方力量不均衡、信息不对称的系统，可以采用博弈论的方法对其进行分析。在金融信贷市场，供需双方对对方的信息不是很了解，且决策行为和决策时间也不尽相同，所以采用不完全信息的动态博弈研究模型对其行为博弈展开研究。

随着信息化技术的快速发展，互联网的发展进入了一个新的阶段，政府不断加强对互联网金融的规范，预防系统性金融风险的产生，使得原本银行和融资方之间的双边博弈变成政府、银行和融资方的三方博弈。

2.2.5 全面风险管理理论

从商业银行产生时，风险管理就出现了，属于商业银行管理的主要内容。商业银行把风险管理内容分为四个不同的阶段：第一阶段是 20 世纪 60 年代以前，资产（风险）管理阶段；第二阶段是 20 世纪 60 年代，负债（风险）管理阶段；第三阶段是 20 世纪 70 年代末，资产负债综合（风险）管理阶段；第四阶段是20世纪80年代后，全面风险管理阶段。全面风险管理是指为提高商业银行的安全性而把风险管理看成一项重要的工作，通过创建完善的管理系统，为银行实践性提供借鉴。

2016年一季度印发的《中国银监会办公厅关于商业银行转型发展的指导意见》明确指出，商业银行应当建立健全与转型发展进程相适应的全面风险管理体系，有效运用各类风险管理工具，确保有效识别、计量、监测和控制各类传统风险和新型风险。其中，核心环节是大数据应用，通过大数据应用能够解决金融领域中的信息不对称问题，即“对价”问题，从而给风险管理技术带来天翻地覆的变化（见表2.3）。

表2.3　股份制商业银行传统风险管理和全面风险管理的区别

项目	传统风险管理	全面风险管理
参与者	职能机构，如财务部、风险部等	覆盖全流程，明确职权分工，各管理部门融入一个完善的系统
对象	可控的风险，主要是经营风险	除经营风险、技术风险等
方式	就单个风险实施管控，无系统性	从整体角度，有系统性和条理性
途径	主要是保险途径，管理手段单一	多元化，如保险型、信息控制型等
阶段	事中或事后，无连续性	事前、事中、事后的持续性全覆盖
管控过程	被动性，监测与防控经营风险，接着开展控制	主动性，控制过程贯穿始终，预防和管理有机融合

经过上述分析，不难发现，坚守不发生系统性和区域性金融风险底线，是中央和银监会的明确要求，也是我国商业银行的基本职责。必须创建科学完善且更适应于时代发展的风险控制体系，全面提升风险管理的有效性。随着信息技术的进步，金融大数据迎来了爆发式发展，大数据具有的4V特性（数量、速度、多样性、真实性）也会加深互联网金融的各类风险（见表2.4）。

表2.4　大数据的4V特性

风险领域	数量	速度	多样性	真实性
信用风险	★★★★	★	★★	★
市场风险	★★	★★	★	★
操作风险	★★	★	★	★★
合规风险	★★★	★★	★★★	★★★
资产负债风险管理	★★★	★	★★★	★
综合风险管理	★★★★	★	★★★	★

大数据技术在推动股份制商业银行传统盈利模式的转型，以及互联网金融的探索方面正发挥越来越重要的作用。在数据时代，银行全面风险管理高度依赖信息系统的支撑，即开展对风险信息的搜集、研究、归纳和处理。只有创建科学的信息控制系统，才能为银行业务的稳步发展提供强有力的保障，也才能为提升银行的竞争优势提供不竭的动力。一是开发线上客户风险预警系统，运用于授信业务的贷前、贷中和贷后全流程，实现对公、零售、信用卡、同业客户风控应用的全覆盖，预警信息实时推送给客户经理电脑、PAD和手机。二是开展关联风险分析，挖掘授信客户的担保关

系、投资关系、高管关系、资金往来关系和实际控制人等多重关联关系。三是开发自动生成贷前调查报告、贷后检查报告功能，报告内容涉及人行征信、工商注册、法院诉讼、行政处罚、预警信息及授信等信息。

金融的核心环节是信息生产和运用，金融的核心竞争力在于掌握充足的信息以消除信息不对称。当前，股份制商业银行经营管理正在发生深刻变化。对于风险管理而言，最显著的变化就是由基于企业静态数据（财务信息）分析向基于企业动态数据（行为数据等）分析转化、人为判断向模型分析转化、零散管理向体系管理转化。在大数据时代，全面风险管理是股份制商业银行必须要实施的一种风险管理模式，这不仅是股份制商业银行适应金融业新挑战的需要，也是股份制商业银行风险管理转型、平衡资本配置与风险补偿、真正提高整体盈利能力的前提（见图 2.6）。

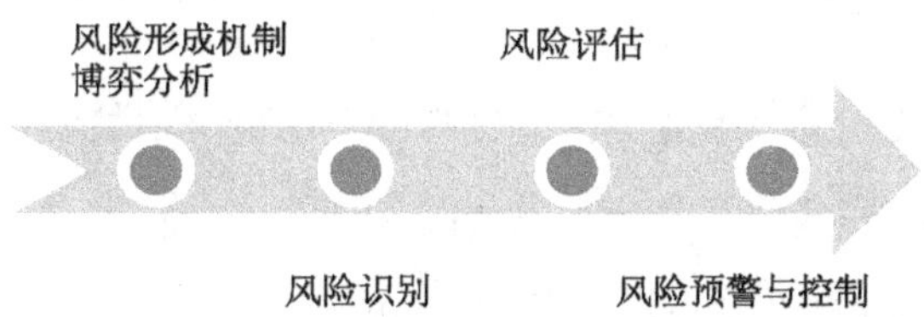

图 2.6 全面风险管理步骤

2.3 本章小结

本章主要介绍了相关的定义，总结了股份制商业银行互联网金融体系、风险的特征，对风险管理框架进行了研究，并为下一部分的探究和分析提供了扎实的理论基础。主要内容包括这几个方面：

（1）关于互联网金融的内涵，研究界依然没有统一的界定。但根据互联网金融本身的特点以及股份制商业银行金融的特征，本书认为股份制商业银行互联网金融风险管理是一个全面的研究。在对相关概念进行阐述后，从全面风险管理的角度，将股份制商业银行互联网金融风险管理流程划分为风险识别、风险评估、风险处置和监控三个部分，将风险管理贯穿于全流程。

（2）股份制商业银行互联网金融不仅受到内部因素的影响，还受到众多外部因素的影响。在股份制商业银行互联网金融中，银行客户即资金需求方与银行之间的关系并不是简单的融资方和资金供给方的关系，因此，股份制商业银行互联网金融不仅依靠市场——“无形的手”自发调节，还需要政府——“有形的手”参与，发挥引导和约束作用，协调各方关系。

（3）股份制商业银行互联网金融风险管理的研究包括信息不对称理论、需求-供给理论、生命周期理论、博弈理论和全面风险管理理论等在内的经济学、管理学的相关理论。股份制商业银行互联网金融风险管理的研究需要多门学科知识的相互融合和渗透，是一项多学科交叉的综合研究，本书对股份制商业银行互联网金融风险管理的探究，具有明显的可借鉴性。

3 股份制商业银行互联网金融风险管理现状及问题分析

本章主要介绍我国股份制商业银行互联网金融发展以及风险管理的现状，针对风险集中的消费贷款、小微企业贷款领域，搜集汇总相关案例及问题，概括股份制商业银行互联网金融存在的问题，从宏观、中观和微观角度总结股份制商业银行互联网金融风险管理现状，为后续查找股份制商业银行互联网金融风险的关键影响因素进行铺垫。

3.1 股份制商业银行互联网金融发展现状

3.1.1 股份制商业银行面临的互联网金融挑战

(1) 特许经营权的挑战

互联网金融对股份制商业银行最核心的冲击，并非信贷资源减少或支付方式分流，而是金融行业的特许经营权，这是商业银行的立行之本。

金融的核心业务是存贷汇。存贷汇在不同的历史阶段，发展模式有所不同，所以盈利模式、服务模式也不尽相同。

互联网金融的核心是互联网技术和互联网思维，在这一轮的技术变革中，技术创新给整个世界带来了颠覆性的影响。这种变革反映在金融方面就表现为吸收存款不再是商业银行的专能，互联网企业通过余额宝类、保险类产品，从某种程度也在变相地吸收存款，虽然所吸收的存款最后回流到银行，但事实上互联网企业已经具备这种能力。在贷款方面更加无须赘言，P2P、众筹是直融的方式，并且全流程在线，取代了传统银行金融中介的作用。

对股份制商业银行存贷汇三大业务的冲击，是互联网金融带来的最核心影响，打破了金融行业的壁垒[131]。

（2）盈利模式的挑战

互联网金融对股份制商业银行盈利模式的挑战在于催生了新的业态，并且加快了金融脱媒。在这种情况下，股份制商业银行传统的风险管理面临很大的挑战。以往，股份制商业银行和互联网企业相比，其优势在于风险把控，或者说风险的经营。但随着整个信贷业务的网络化，银行需要建立与之相匹配的风险政策、风险管理体系，包括贷前、贷中、贷后等。从广义的角度看，不仅包括信用风险，还包括了操作风险。所以，就金融业态的创新而言，第三方支付、网络贷款、P2P、众筹、股权贷款等新业态的产生会从原有的传统金融市场中分一杯羹，虽然其影响未达到颠覆，但是股份制商业银行仍需面对这些挑战。

（3）信息掌控能力的挑战

数据信息掌控能力方面，就外部来看，未来开展互联网金融经营的核心资源是数据信息，但是电子商务平台和支付平台通常不会给银行提供交易数据情况，导致股份制商业银行处于数据链条的末端，从而越来越沦为资金流出通道和“出纳机”角色。

数据信息处理能力方面，股份制商业银行积累了大量真实、连续的客户信息数据、金融交易数据，但能否具备大数据挖掘与经营的能力也是一个挑战。

3.1.2 股份制商业银行互联网金融创新之路

（1）股份制商业银行互联网金融业务创新

虽然互联网金融的发展带来了众多挑战，但也带来了机遇。股份制商业银行在应对互联网金融挑战的过程中需要重新审视自身的定位，通过金融创新实现创新发展。

创新一：股份制商业银行的互联网金融布局，进军直销银行。

目前，股份制商业银行纷纷试水直销银行，全国已有多家商业银行推出直销银行服务，如北京银行、民生银行、上海银行、兴业银行和包商银行等。

基于余额理财的互联网金融的蓬勃发展是信息化时代发展的重要产物，有效促进了在线直销模式的稳步发展，因此，各种在线直销银行都会选择将余额理财作为主打产品。由于在线直销模式可以使其开展业务不受时间和地理位置的限制，因此备受各大银行的青睐。市场经济的发展推动了金融业的快速发展，也推动了信息化技术的发展，在这样的环境下，人们的消费观念产生了改变，消费模式也产生了改变，在线直销模式正是商业银行的提前布局，从而带来其服务模式的变化。然而，股份制商业银行发展直销银行的开户面签政策成为制约因素，而绑定账户资金限制了直销银行“汇”中常用的向他人转账的功能。

创新二：搭建电商平台。

比如2018年中国光大银行戊戌狗年定制版生肖金“福旺双全”正式在光大银行“购精彩”系列电商平台及全国网点全面上线销售。截至目前，包括招商银行、成都银行、上海农商银行等中小银行均已开设网上商城。相关资料显示，2016年，开展交易的银行电商的数量是16家，到了同年年底，电商平台中的消费者的数量高达8 505万户，企业客户的数量是604万户，交易量多达3.28亿笔，资金高达1.98万亿元。光大银行主打B2C，面向中高端收入人群建立优质商品销售平台。与此相对的是，浦发银行未搭建独立的销售平台，而是选择在天猫平台上销售贵金属及其制品。商业银行设立在线直销银行从而实现业务与消费者的分流，互联网金融的迅速发展促使金融运行模式产生了变化，网络商城就是在这样的环境下发展起来的。由于有时无法获得一手数据，或者受到互联网企业诸多限制，搭建自己的网上平台，利用大数据分析消费者行为将成为最佳选择。

创新三：大力拓展移动金融的第三方支付。

传统股份制商业银行需要和第三方平台、电商平台合作，利用平台具备的流量优势和超大规模用户群，通过将业务融入社交场景，将其发展成为新的获客渠道。在用户体验上，业务目前覆盖了“存贷款”全部功能，并且运营扁平化、迭代迅速。部分银行利用支付业务所积累的海量数据，开展互联网征信、借贷等业务（见图 3.1）。

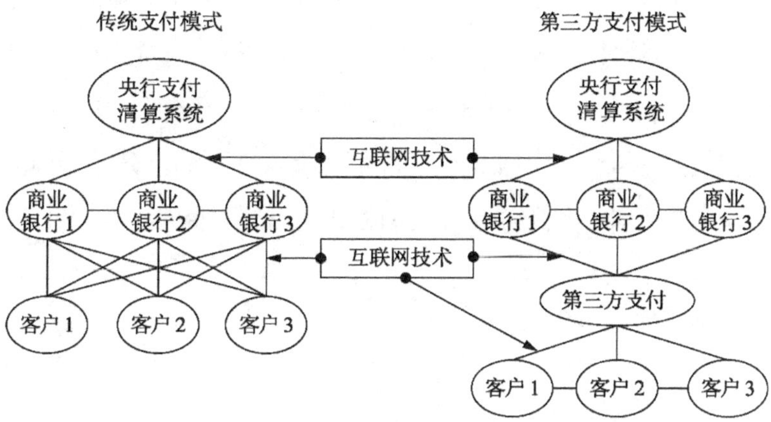

图 3.1　第三方支付模式与传统支付模式的区别

互联网金融的发展得益于其便捷性和高体验度，这也是商业银行大力发展移动端金融服务的原因。概括起来有以下几种做法：第一，实现互联网企业的跨区域业务合作，实现金融业务、休闲业务等的有机融合，打造完善的金融消费体系，例如，广发银行开发出的产品"月光宝盒"就是一个很好的尝试；第二，传统网上银行移动化，推出手机银行等移动客户端；第三，实现和移动运营商的业务合作，开发出新型的基于 NFC-SIM 卡模式的手机支付业务。

创新四：线上供应链金融是近年来股份制商业银行创新的核心部分。

借助网络平台线上业务，打造出一条较为系统的供应链，其中一个途径是通过加大和第三方机构或电商平台的合作，中信银行和海尔日日顺物联网平台签署战略合作协议就是一个典型的例子；第二个途径是为物流企业提供供应链金融的改进措施。随着网络贷款的发展越来越快，国资系、银行系等背景的 P2P 已经在快速崛起，P2P 相应的监管也会越来越严格，这对于规范 P2P 市场有着积极的作用。2017 年消费金融信贷全年达 43 847 亿元，比 2016 年增加了 10 倍，不仅是其占整个金融信贷总量的比重在不断上升，更重要的是这种模式带来了服务理念和服务方式的变革，见图 3.2。

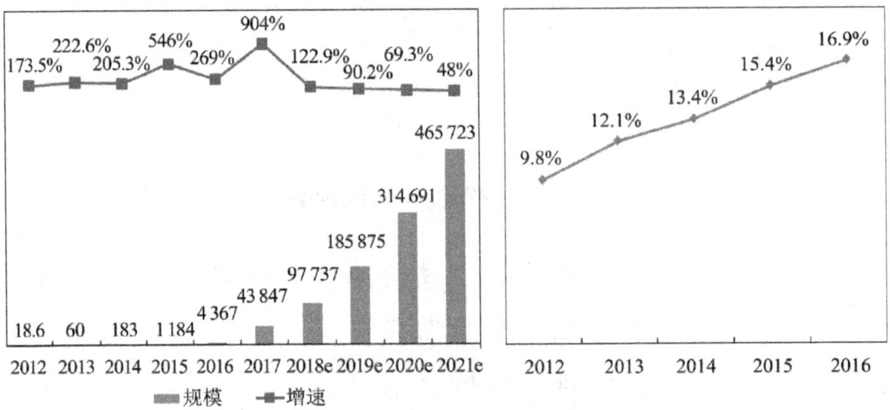

(a) 互联网金融消费贷款余额及增速　　(b) 短期消费贷款占最终消费支出比重

图 3.2　中国互联网金融消费贷款情况

（资料来源：《艾瑞咨询：2018 年中国互联网消费金融行业报告》，中国人民银行、国家统计局数据）

网络众筹方面，在网络众筹刚起步的时候，互联网平台的众筹年利率达到 12%，仅 1 000 元即可起投，相比之下，银行理财 5 万元的起点就显得较高，这是由于互联网企业与传统银行业金融机构的客户定位不同。股份制商业银行的目标群体是融资方中的中高端客户，互联网平台的目标则是低端融资方客户。然而，随着互联网金融的发展、客户下沉，双方的目标群体也逐渐产生交集。比如浦发银行推出的“企盈”系列，就是面向小微企业的众筹，起点金额100元，预期年化收益率在5.5%至5.6%之间，与一般互联网企业的产品区别已不大。

创新五：实体网点智能化升级。

股份制商业银行对实体网点实施了改善，对业务功能实施了科学化分配，增设了更先进的业务设备，甚至打破交易地理位置的束缚建立起智能化业务网点，进一步提升了业务的信息化水平，进而提升了服务业务的针对性，以及客户满意度。有些商业银行会选择在咖啡店等场景推出新型网点业务，互联网技术的发展让这一切成为可能，为传统银行金融模式的创新提供了技术支持。不断发展的信息化技术为互联网金融的稳步发展提供了更宽广的平台，大数据的高效使用提升了信息提炼的规范性和时效性，也为企业的业务发展提供了更可靠的信息保障。云计算提升了信息处理的效率和科学性，移动支付则为电子商务的稳步发展提供了可靠的动力。股份制商业银行互联网金融商业模式的发展和子系统的相互影响密切相关，其金融系统的改进，既是银行借助信息化技术对金融服务模式进行创新的过程，也是互联网金融的科学性和先进性不断得以体现的过程。股份制商业银行利用互联网金融的业务创新及互联网企业的跨界渗透，持续地交织、融合与互动，使得二者实现优势互补，进而推动股份制商业银行互联网金融体系不断完善。其复杂时空融合的动态交织路径，见图3.3。

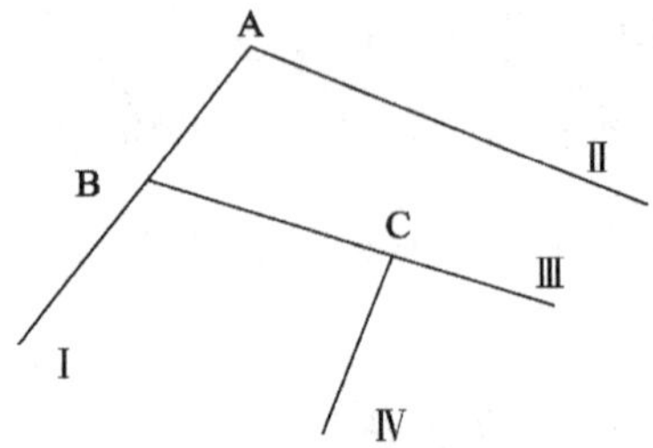

图 3.3　股份制商业银行互联网金融智能化升级动态交织路径

图3.3中，Ⅰ代表互联网平台，Ⅱ代表金融组织，Ⅲ代表各种平台公司，Ⅳ代表电子商务交易。Ⅰ和Ⅱ的相交构成银行或者非银行金融服务A，Ⅰ和Ⅲ的相交构成第三方支付服务B，而C则表示第三方支付对电子商务所产生的影响。每条路线的相交，使得股份制商业银行互联网金融系统产生了改变，股份制商业银行互联网金融发展路径与金融创新具有动态多样化。

创新六：线下业务线上化。

此类业务的互联网金融创新有三种方法：第一种是线下产品与线上同步，最主要的是理财产品；第二种是开展线上贷款业务，消费者可以通过线上提交申请，银行对此实施审核和批准；第三种是对线下业务实施融合，创建系统性的金融服务系统。比如，招商银行的“小企业e家”就是一个很好的尝试，根据小微企业的借贷需求开发出多样化的金融服务产品，如网贷易等。这有助于为小微企业提供具有针对性的服务，并且创建了一套较为完善的全链条性的运营系统，具体的业务包含跟进销售、产品营销等。此外，招商银行还集多样化的业务于一身，发展线上营销与理财服务相结合等，实现了股份制商业银行互联网金融线下业务线上化的创新模式。股份制商业银行发展互联网金融，未来的趋势之一就是将第三方互联网平台的销售和股份制商业银行的网关打通，形成对接，借助平台的流量带来新的客户群。

（2）股份制商业银行发展互联网金融的布局

打造互联网金融平台是实现战略转型的重要路径。在互联网金融平台建设的主战场上，面对不断变化的客户需求、加速迭代的技术手段，从全国性股份制商业银行看，目前股份制商业银行发展互联网金融的布局主要有三个方向：

第一个方向是股份制商业银行通过申请直销银行牌照的方式，将互联网金融作为集团的一种子公司发展，代表典型是民生银行和兴业银行，这种是狭义的局部互联网金融化的方向。

第二个方向是平坦化的战略，也就是整个企业的互联网化。平坦化战略就是银行有完整的集团向下的互联网金融服务平台，在这个平台上客户共享、产品互通、系统连接，不仅能够内部经营，而且能够实现对外广泛获客。这种发展方向是将互联网金融作为体制内的一个部门来推动和发展。通过这种推动，带动整个银行经营模式的互联网化。浦发银行对互联网金融的布局正是如此。

第三个方向是前两种的整合。具体地说，就是把互联网金融业务拆分成三块：一部分纳入对公业务范围（公司部），一部分纳入对私业务范围（零售部），此外专门成立一个互联网金融平台。未来的规划是为这个平台申请牌照，使其成为集团下的一个独立子公司。然而这种方向有其弊端。首先，在银行传统的业务部门和新的互联网金融平台之间会有业务重叠和竞争。其次，对于新的互联网金融平台，其客户群体、流量来源、业务方向都需要重新定位，作为独立子公司，很可能要全渠道重新构建一整套体系。这种布局如果不能统筹协调好各部门及子公司的关系、划分好职能，将会使机构臃肿、内部冲突，影响整个集团公司的稳定性。目前，在股份制商业银行中未见这种布局，大型国有银行交通银行采用这种布局。各股份制商业银行互联网金融布局见图 3.4。

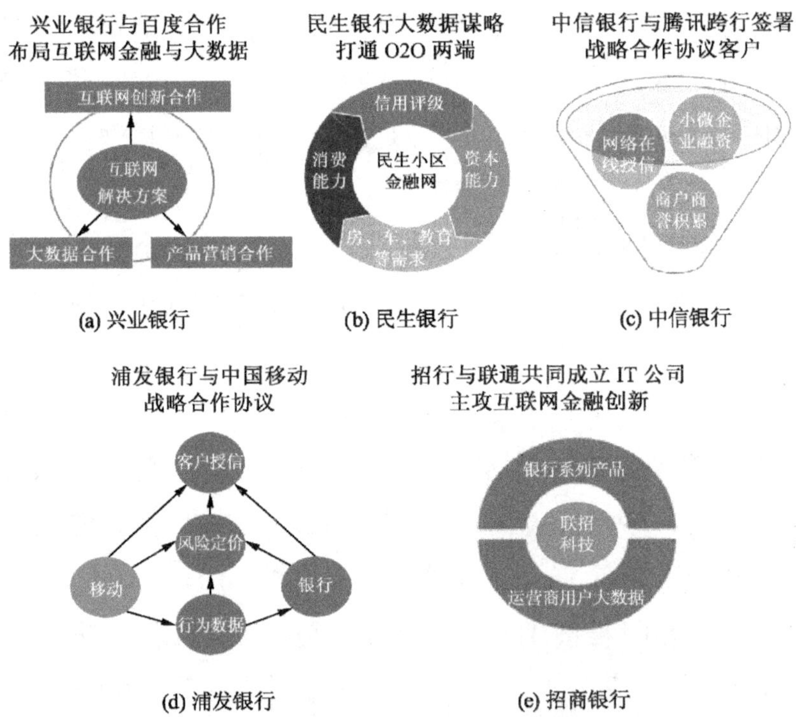

图 3.4　股份制商业银行互联网金融线下业务线上化的创新模式

（资料来源：兴业银行、民生银行、中信银行、浦发银行、招商银行网站）

3.2　股份制商业银行互联网金融案例及风险问题分析

3.2.1　股份制商业银行互联网金融消费贷款

近几年，互联网金融服务迅速崛起，贷款、理财不再受到空间、时间限制。互联网金融新的消费模式，让消费者感受到互联网金融带来的服务红利和便捷。作为新生事物，互联网金融服务也出现了一些乱象，其中互联网消费贷款的问题最为突出。

（1）产品研发设计“乱”

一是产品设计与消费属性不符合。部分银行产品设计与消费属性出入较大，通过拉长产品期限为融资方套取资金提供了便利。如某银行“家居循环贷”产品可用于房屋装修、购买家具等，审批通过后授信期限为5年，前4年提款期限为1年，第5年提款期限最长可达5年，即可通过循环方式为融资方提供长达10年的贷款，为融资方长期占用银行信贷资金提供了便利。调阅部分网上资料发现，大金额消费贷款均为同时装修两套住房或购买红木家具，追查资金流向后发现贷款资金支付后均回流到融资方，交易背景不实。二是产品设计关键要素缺失。部分银行产品制度关键要素不明确，对融资方还款能力和可贷金额的测算未形成量化规定，未指明贷款限额和期限等，导致业务开展规范性较差。

（2）部分产品风控“乱”

某银行线上消费贷中，无法确定用途的消费贷款占发生额的比例达27%。近年来，银行个人消费贷产品发展迅猛，部分银行采取白名单准入管理，通过网银或手机客户端进行网上申请、银行后台审批通过，融资方即可直接提款至借记卡，用于取现、转账或消费。由于客户数量多、业务量大，银行目前大多采用贷后大数据分析方式进行资金用途监控和贷后管理，对于贷款资金划转至他行或消费后通过他行账户回流情况则无法有效监测，导致本行无法掌握贷款的真实用途，部分贷款资金流入房地产市场或限制性领域。

（3）部分产品管理“乱”

一方面是额度测算管理不到位。部分银行依赖“金融流量数据”测算贷款额度，仅以融资方信用卡消费记录、保险金额等作为依据，而不核实融资方负债情况、经济收入水平。有的股份制商业银行消费贷款均是根据融资方曾经购买过的保险金额、每月归还的按揭贷款金额或每月缴纳的公积金金额等，按4倍甚至8倍的放大倍数估算融资方月收入，并直接将估算所得月收入等同于月还款能力从而确定贷款额度，其中最高的个人月收入估算超过10万元，存在超额借款风险。另一方面是贷前贷后管理不到位。部分银行存在审批把关不严、贷后管理宽松等问题。如某银行在一笔个人购车消费贷款业务过程中，贷前未认真审核融资方征信报告，未发现融资方已在一个月前归还了该行该笔贷款的情况，贷后仅收集了某4S店收款收据，未要求融资方提供购车发票，后经追查资金流向和相关资料，发现融资方购车行为虚假，资金被长期挪作他用。

（4）部分产品用途“乱”

一是银行不掌握借款用途。某银行机构个人消费贷款中，未能明确用途的贷款余额占所有个人消费贷款余额的比例超过10%。二是贷款用途错位。某银行机构个人消费贷款用于购买原材料、设备或资金周转等个人经营的余额占比达5%以上，明显不符合个人消费贷款用途规定。三是部分银行为一些合规性存在争议的领域提供信贷支持。如部分银行开发了一款消费贷款产品，为融资方购买与自住房楼盘配套的车位提供融资。目前大多数银行未将消费贷用于购买车位的用途纳入限制性领域，仅个别银行将消费贷用于购买车位视同流入房地产领域予以禁止。

3.2.2　股份制商业银行互联网金融小微企业贷款

各级政府部门和股份制商业银行在推动小微企业金融服务方面进行了大量探索和努力，尤其是互联网金融的发展，借助于大数据和云计算等技术手段，股份制商业银行在小微企业贷款方面取得了一定成效。但社会上关于小微企业融资难的声音依然不绝于耳，仍有面广量大的小微企业由于存在高风险而难以获得银行融资，或者取得融资后违约率高。为了解此类小微企业基本特征，通过分析股份制商业银行小微业务授信准入政策，搜集被拒贷小微企业的案例，分析其特征以及存在的风险点，力图客观反映小微企业融资现状及其高风险的原因。

（1）企业经营管理不善

部分小微企业由于规模小、机制不健全和财务管理混乱，往往经营管理不善。具体包括主营业务不明确、产品无市场竞争力、缺乏稳定的经营现金流、上下游客户不稳定、融资杠杆过高等。如一些小微企业未建立完善的财务制度，企业账户与实际控制人个人账户不作区分，企业经营性收入直接进入个人口袋，导致银行难以监控企业财务状况。

（2）实际控制人自身存在瑕疵

某银行反映小微企业中近20%的小微企业实际控制人或其配偶存在失信记录或者涉及案件诉讼。小微企业的实际控制人自身信用存在问题，也会成为小微企业的隐形风险点。具体包括实际控制人及其家属个人信用卡逾期记录较多、参与民间借贷、存在涉黄赌毒等不良记录、从事行业年限较短、个人存在未结案的被诉讼被执法记录等。

（3）企业资质存在多种缺陷

企业资质包括企业纳税情况、环保情况、生产许可情况等。部分小微企业资质存在缺陷：一是纳税等级不佳。大部分银行对企业授信时会考查纳税部门的纳税信用等级，一般优先支持纳税等级为A级或B级企业、审慎介入C级企业、严禁介入D级企业。根据江苏省税务部门提供的2016年纳税评级情况，纳税等级为C级、D级的企业占比分别为5.24%、5.02%。二是环评不达标。根据绿色金融体系建设要求，为抑制高污染、高能耗产业发展，环保评级为红色和黑色的企业一般在银行难以获得融资。据不完全统计，2016年江苏省环保部门对超过2.5万户企业开展了环保信用评价，环保评级为红色或黑色的企业占比约为5%。三是其他不利因素。如企业被列入失信名单、涉及各类诉讼和行政处罚、特殊行业企业未获得安全生产许可证等，这类企业同样不在大部分银行的授信准入政策内。根据多家银行提供的被拒贷企业情况，约15%的小微企业因上述负面信息未能获得银行融资。

（4）属于限制介入行业

有的小微企业属于敏感行业或潜在风险较大的行业，主要集中于以下三种类型：一是产能过剩或落后产能行业，包括不符合国家行业、产业政策导向，发展前景较差的行业，如钢铁、煤炭、水泥、电解铝等行业或与这些行业关联的小微企业；二是房地产开发领域的小微企业、房地产中介公司等；三是类金融公司关联企业，如小微企业实际控制人投资或参股的小贷公司、典当公司、财富管理公司、民营担保公司等。

3.3 我国股份制商业银行互联网金融风险管理现状分析

3.3.1 股份制商业银行互联网金融相关政策法规现状

我国目前针对互联网金融已经出台了一系列法律法规，其中最重要的是2015年人民银行等十部委颁布的《关于促进互联网金融健康发展的指导意见》（银发〔2015〕221号），为我国互联网金融的健康发展指明了方向。具体业务方面，第三方支付是我国最早发展的互联网金融模式，因此相关法律法规比较成熟。在第三方支付方面，最重要的是2010年9月人民银行颁布的《非金融机构支付服务管理办法》（〔2010〕第2号），后续法规大多以此为基础，在预付卡、银行卡收单业务、反洗钱等方面出台一些具体的办法或通知。网络贷款是近几年开始爆发式增长的，相应法律法规日趋完善。主要由银监会、互联网金融风险专项整治小组和P2P网贷风险专项整治工作领导小组办公室颁布，涉及人人贷、现金贷、校园贷等风险集中程度高且影响大的业务。网络众筹和虚拟货币还处于探索阶段，相关法律法规较少（见附件2）。由此可见，我国的互联网金融相关法律法规都是在某种互联网金融快速发展起来，并暴露出重大问题之后才制定和完善的，因此法律存在严重的滞后性。

3.3.2 股份制商业银行互联网金融行业约束现状

在行业监管和行业约束方面，我国实行的是分业监管，就是不同业务种类对应不同的监管机构。以前互联网金融直接管理部门是“一行三会”，即人民银行、银监会、证监会、保监会。2018年3月13日，银监会和保监会合并，成为新的银保会，相应地，互联网金融监管机构也就成为“一行两会”。在具体业务方面，中国人民银行主要对互联网支付业务进行监管。根据人行发布的《非银行支付机构网络支付业务管理办法》，人行负责“第三方支付牌照”的发放和具体的监督管理。银保会负责网络借贷业务、互联网信托业务、互联网消费金融业务、互联网保险业务的监管。中国证券监督管理委员会（即证监会）负责股权众筹融资业务、互联网基金销售业务监管。在行业自律组织方面，中国互联网金融协会将秉持行业自律原则，不具有强制性。

虽然我国的互联网金融发展迅猛，但其中仍然存在一些问题，如目前对互联网金融并未设立单独的监管机构。此外，从上述法律规范的发布机构来看，目前对互联网金融存在多头监管，比如人民银行、银保会等等。监管机构对互联网金融的监管模式仍然因循守旧，没有跟上时代的步伐，因此需要针对互联网金融的特点提出监管措施，监管模式的滞后也导致互联网金融监管的缺失。

3.3.3　股份制商业银行互联网金融内部风险管理现状

由于内部组织架构不够完善，互联网金融的风险管理出现了多头管理的局面。我国互联网金融技术已经逐渐成熟，越来越多的银行开始走向线上。所有发展互联网金融的股份制商业银行面临的共同挑战，即如何使现有的互联网金融技术管控措施不断满足对新技术新手段的风险管理要求。从互联网金融风险管理操作上看，目前风险事件不断出现，互联网金融面临的风险呈现出日新月异的变化，风险类型层出不穷，对互联网金融风险管理提出了严峻挑战。一些新的风险手段的出现往往针对现有的风险管理措施的薄弱环节进行攻击，为了应对新出现的风险，互联网金融风险管理部门必须在原有风险管理措施的基础上，对管控措施进行不断改进和完善，因此双方始终处于一种博弈的状态。

综上，股份制商业银行互联网金融风险管理层次见图3.5。

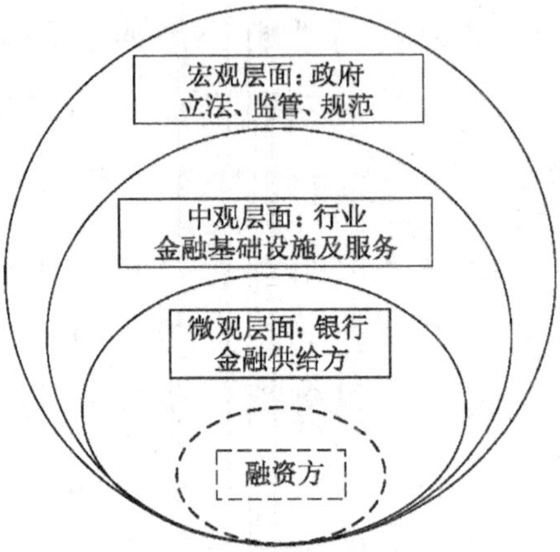

图3.5　股份制商业银行互联网金融风险管理层次图

3.4　本章小结

通过以上研究可以看出，在银行互联网金融风险管理的问题上，学者们已经做出了诸多努力，但多是从风险控制的某个或某些环节出发，治标不治本。考虑到股份制商业银行互联网金融风险管理受到内部因素和外部环境的共同影响，本章围绕股份制商业银行互联网金融现状展开了讨论，从宏观角度和微观角度分析了风险管理中存在的问题，为后续查找股份制商业银行互联网金融风险的类型与成因进行了铺垫。具体内容如下：

（1）介绍了股份制商业银行互联网金融发展的现状。

从信息技术发展、科技变革带来的互联网金融浪潮中股份制商业银行面临的挑战出发，寻找股份制商业银行互联网金融创新发展的机遇，分析股份制商业银行发展互联网金融可能的业务模式，提出股份制商业银行互联网金融布局的三个方向：局部互联网金融化、全局互联网金融化、两者结合的方式，以及三种布局的区别和特点，并点出后面主要针对全局互联网金融化这一布局作研究。

（2）概括了股份制商业银行互联网金融存在的问题。从股份制商业银行互联网金融出发，针对风险集中的消费贷款、小微企业贷款领域，搜集汇总了相关案例及问题。一方面从产品与信用角度出发，分析消费贷款中存在的问题，包括四点：① 产品研发设计"乱"，融资方交易背景不实、产品设计与消费属性不符合；② 部分产品风控"乱"，对融资方账户回流情况无法有效监测，导致无法掌握贷款的真实用途；③ 部分产品管理"乱"，存在超额借款风险，贷前审批把关不严、贷后管理宽松，资金被长期挪作他用；④ 部分产品用途"乱"，存在贷款用途不明、用途错位、贷款投向领域不合规的问题。另一方面从小微企业基本特征、股份制商业银行对小微业务授信准入政策出发，分析其中存在的风险点：① 企业经营管理不善，企业账户与实际控制人个人账户不作区分，导致银行难以监控企业财务状况；② 实际控制人自身存在瑕疵，存在失信记录或者涉及案件诉讼；③ 企业纳税情况、环保情况、生产许可情况等资质存在多种缺陷；④ 属于限制介入行业。

4 股份制商业银行互联网金融风险形成机理分析

第3章在对股份制商业银行互联网金融现状和潜在风险问题分析的基础上，归纳出政府、股份制商业银行和融资方是股份制商业银行互联网金融风险的主要影响主体。本章从金融经济学角度，利用博弈理论构建三方群体动态博弈模型，以股份制商业银行、政府和融资方的三方博弈对股份制商业银行互联网金融风险形成机理进行分析，找出政府、股份制商业银行和融资方之间存在博弈的焦点。探寻博弈三方行为的动态过程及动态稳定策略，演示不同行为选择对博弈结果的影响，深度剖析股份制商业银行互联网金融风险形成机理及影响因素，了解各影响因素随时间变化对股份制商业银行互联网金融风险管理的影响。

4.1 股份制商业银行互联网金融主体行为分析

4.1.1 股份制商业银行互联网金融需求-供给分析

在股份制商业银行互联网金融风险管理中，博弈关系主要涉及三方：政府、股份制商业银行和融资方。其中，政府包括制定政策的国家机关部门、监管机构和银行业协会；股份制商业银行互联网金融贷款业务，这里简称股份制商业银行；融资方包括互联网金融消费贷款的对象，即个人和小微企业。本章研究政府、股份制商业银行和融资方三方的博弈关系。

本章首先以经济学需求-供给曲线分析在信息不对称情况下资金需求与股份制商业银行资金供给的关系。融资方受到自身规模等限制，融资渠道单一，通过股份制商业银行贷款是其主要的资金来源。由于信息的透明度低，股份制商业银行要考虑风险因素，融资方的违约风险越高，获得资金的难度越大。为弥补信息不对称造成的额外风险，股份制商业银行会一方面选择采用风险管理手段进行风险管理，另一方面提高贷款门槛，导致融资方无法顺利从股份制商业银行获得贷款。同时，这一做法可能导致逆向选择，即贷款利率的提高增加了融资方贷款成本，在还贷时就有可能出现违约风险。为解决这个矛盾，股份制商业银行互联网金融风险管理是十分重要的。

股份制商业银行提供的资金总量用直线 S 表示；融资方的资金需求总量用直线 D 表示。政府调控下，股份制商业银行会收紧贷款，这就进一步加大了融资方的融资难度。这时资金缺口为 $Q_1 - Q_0$，见图4.1。为使供需平衡，这部分缺口应该由股份制商业银行通过风险分担以及拓展新业务弥补。银行通过提供互联网金融融资服务，以及运用新型风险评估模型、大数据风控等风险管理手段，对融资方违约风险进行评估，这就降低了由于信息不对称导致的风险，股份制商业银行资金供给曲线由 S 平移到 S'，融资方的融资成本相应地从 P_0 下降到 P_1，在新的均衡点 E_1 资金供给与需求达到平衡，融资方的融资量从 Q_0 增加到 Q_1。通过风险管理降低了信息不对称风险，从而股份制商业银行为企业提供长期的金融融资服务，同时融资方具有良好信誉，因此股份制商业银行互联网金融成为融资方的融资解决方案的良好选择[133]。

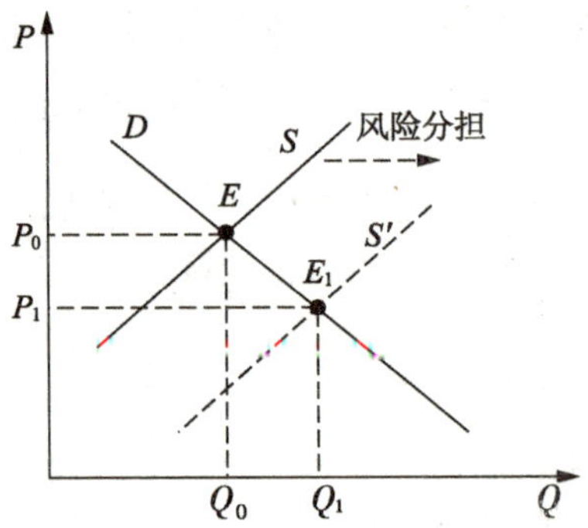

图 4.1　政府调控下的融资方融资及银行的风险分担

4.1.2　股份制商业银行互联网金融主体行为选择

在三方博弈主体的经济学需求-供给曲线分析基础上，为了讨论政府、股份制商业银行和融资方三方的博弈关系，建立三方博弈模型，根据前面规定的变量计算各方的收益函数，从而确定三方的最优策略选择。图 4.2 为政府、股份制商业银行、融资方三方博弈结构[134]，在该三方博弈中，股份制商业银行是通过互联网金融风险管理实践改进对融资方的授信，其策略空间为放贷或不放贷；政府通过提供政策支持、风险监管等方式调控股份制商业银行互联网金融放款，通过税收减免、违约处罚等引导与约束融资方行为，所以政府的策略空间为调控或不调控；融资方向股份制商业银行申请互联网金融贷款的策略空间为还贷或违约，此博弈是一个非对称博弈。

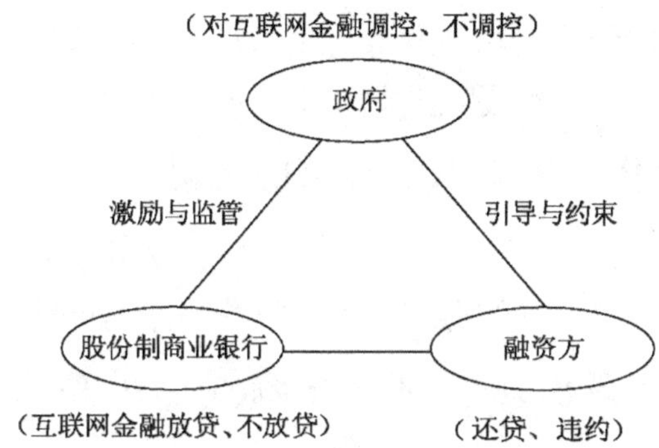

图 4.2　政府、银行、融资方三方博弈结构图

4.1.3　股份制商业银行互联网金融主体博弈关系

政府和股份制商业银行的收益主要来源于融资方通过股份制商业银行互联网金融进行贷款申请，如果政府与股份制商业银行收益等于0，即融资方没有申请贷款，金融风险产生机理也就无从说起，因此本书以融资方的贷款申请而论。为便于研究，将对融资方申请贷款的三方博弈问题分为单次和多次两种情况：一是单次贷款将分为贷款申请和贷款归还两个阶段进行分析；二是融资方贷款的归还又分为按期归还和不按期归还即违约；三是多次贷款将分为贷款申请和贷款归还两个阶段进行分析；四是融资方贷款的归还又分为按期归还和重复违约，从而进行金融风险产生机理的分析。

（1）博弈的参与主体即融资方、股份制商业银行和政府都满足假设，即在现有条件下，根据自身目标，运用合适的手段实现收益最大化。

（2）本书所用模型为动态博弈模型，即前后行动的博弈方会受行动顺序的影响，前博弈行动者的信息会影响后博弈行动者的决策。

（3）此博弈类型是非合作型的，即博弈行动方两两之间都不存在合作、串谋或者合谋的情况。

（4）博弈中存在信息不对称。三方中只有融资方掌握自身经营状况和能力的信息，而股份制商业银行与政府都无从了解相关真实信息，即只有融资方可拥有绝对诚信的优选。

（5）此处政府的范围包括一切与融资方贷款申请有关系的包括中央及地方各级政府在内的所有单位和部门。政府提供风险管理，赢利是税收，以增加社会福利为职责，因此，暂不考虑政府的成本。

4.2 单次贷款申请阶段的互联网金融风险形成

4.2.1 单次贷款申请阶段博弈模型假设

为了构建政府、股份制商业银行和融资方的动态博弈模型作出如下假设：

（1）融资方贷款申请阶段，政府制定互联网金融风险管理政策，落实行政问责机制，引导和约束融资方的互联网金融融资行为，也可能会由于调控实施难度及成本等因素的作用，选择维持现状这一行为，即政府的行为空间为（调控，不调控）。融资方可能会拥有有价值的、真实的信誉资料信息，履行约定的还款行为，也可能由于信誉素养不高产生违约行为，即融资方的策略空间为（还贷，违约）。股份制商业银行根据互联网金融风险管理策略空间为（放贷，不放贷）。

（2）博弈是一个非对称博弈。假设在初始状态下，政府的调控行为即政府管理部门对股份制商业银行互联网金融进行风险监管，并对融资方违约行为采取不鼓励态度或者处罚措施，其概率是 P_1，则政府不进行调控即政府管理部门对股份制商业银行互联网金融不进行风险监管，对融资方违约行为不采取任何惩戒措施的概率是 $1-P_1$。融资方的行动空间为（还贷，违约），融资方若从股份制商业银行互联网金融融资，此概率表示为 P_2，若不融资概率则表示为 $1-P_2$。股份制商业银行的行动空间表示为（放贷，不放贷），在政府对股份制商业银行互联网金融选择调控政策的条件下，股份制商业银行放贷的概率是 P_3；在政府不进行调控的情况下，放贷的概率是 P_3'，显然，$P_3>P_3'$。其中，$0\leqslant P_i\leqslant 1$（$i=1$、2、3）。由于政府管理部门和融资方群体均具有有限理性，在信息不完全的情况下，他们会通过不断学习调整策略以实现自身利益最大化。

4.2.2 基于三方博弈模型的单次贷款申请阶段金融风险形成机理

根据以上假设以及股份制商业银行、融资方与政府三方策略的依存性，在贷款申请阶段，出现融资方申请贷款而股份制商业银行不批准贷款申请，或融资方不贷款这两种情况，以上三方的博弈收益都表示为0。

若融资方选择股份制商业银行互联网金融，股份制商业银行也愿意放贷，此时政府决策为对股份制商业银行互联网金融进行调控，那么三方相对应的收益分别表示为 R_1C、R_2C+R_3-b、$E-e$。此处 C 为本金，R_1C 是融资方的贷款收益，R_2C 是股份制商业银行的利息收益，R_3 为股份制商业银行从政府得到的风险补贴、税收减免等收益，b 表示还贷阶段融资方违约对股份制商业银行造成的损失，股份制商业银行贷款调控时，E 表示融资方的收益。还贷阶段，e 表示融资方的违约损失。

若融资方与股份制商业银行的决策如上述情况不变，但政府选择不调控，则融资方的收益为 R_1C-a，股份制商业银行的收益为 R_2C-b，政府的收益为 $E-e$。a 表示在没有政府调控的情况下，融资方的贷款成本，$0\leqslant a\leqslant R_1C$。

融资方申请贷款的期望收益为

$$U_1=P_1P_3R_1C+(1-P_1)P_3'(R_1C-a) \tag{4.1}$$

已知融资方不申请股份制商业银行互联网金融贷款则收益表示为0，而当 $U_1>0$ 即融资方的申请贷款的期望收益大于0时，融资方会进行申请贷款的决策，由此可知：

$$a<[(P_3-P_3')P_1R_1C+P_3'R_1C]/(P_3'-P_1P_3') \quad (4.2)$$

股份制商业银行的期望收益为

$$U_2=P_2P_1(R_2C+R_3-b)+P_2(1-P_1)(R_2C-b) \quad (4.3)$$

当 $U_2>0$ 时，股份制商业银行会选择互联网金融放贷，可得：

$$b<P_1R_3+R_2C \quad (4.4)$$

政府的期望收益为

$$U_3=P_2P_1P_3(E-e)+P_2(1-P_1)P_3'(E-e),e\geqslant 0 \quad (4.5)$$

当 $U_3\geqslant 0$ 时，政府会对股份制商业银行互联网金融选择采取调控政策，可得：

$$[P_2P_3'+P_1P_2(P_3-P_3')](E-e)>0 \quad (4.6)$$

从式（4.4）可得，股份制商业银行是否选择提供资金对融资方放贷，其面临的损失 b、政府给予股份制商业银行互联网金融的税收优惠与风险补贴 R_3 及股份制商业银行互联网金融贷款利率 R_2 可建立关系。一是政府调控、政府补贴增加，股份制商业银行放贷量增加，取得收益越高。式（4.4）右边越大，不等式越容易成立，股份制商业银行选择向融资方提供互联网金融贷款。二是互联网金融贷款总量增加而风险也随之增加，股份制商业银行向融资方放贷的意愿会降低。因此，政府需要采取的措施是选择调控，在政府的风险监管下股份制商业银行向融资方放贷，并且股份制商业银行通过风险管理等手段降低贷款风险，从而引导融资方降低违约风险并获得贷款。

由式（4.6）可得，该不等式只有在 $E-e>0$ 的条件下才会成立，也就是说 $E-e$ 决定了政府决策的期望收益，此时政府的决策所得的总收益将大于因融资方贷款违约带来的或有损失，因此政府对股份制商业银行互联网金融会采取积极的调控政策。

根据以上假设，可以得到贷款申请阶段的博弈树，见图 4.3。

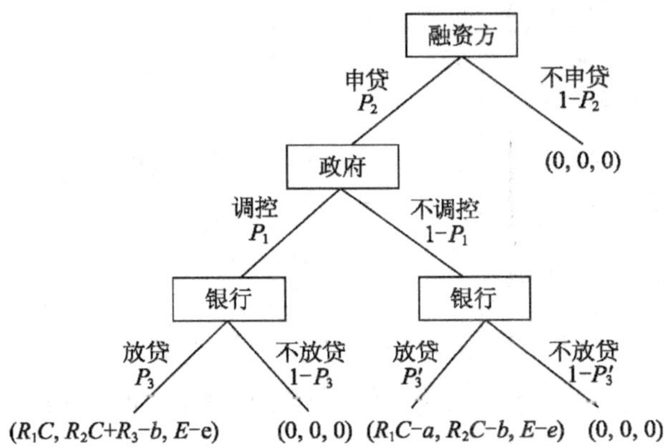

图 4.3 单次贷款申请阶段的博弈树

由式（4.2）可以看出，在政府不调控情况下，a 所代表的融资方的贷款成本与 P_1 和 R_1 有关，即与股份制商业银行的互联网金融贷款利率和融资方的收益率有关。式（4.2）右边越大，表明融资方越愿意通过股份制商业银行互联网金融贷款。政府进行调控决策下，政府对股份制商业银行互联网金融进行风险监管，对于融资方违约行为采取惩戒措施，降低了股份制商业银行的金融风险，融资方申请贷款所负担的成本减少，该不等式越有可能成立，即融资方更愿意申请贷款。这说明政府采取积极的调控措施能够降低股份制商业银行互联网金融风险，并且充分提高融资方通过股份制商业银行互联网金融融资的意愿。在股份制商业银行缺少政府调控和政策支持的情况下，股份制商业银行对融资方贷款实行高门槛，融资方需增高成本才能取得贷款，所以融资方有产生风险的可能，对融资方而言其进行贷款的收益与成本有差距，从而降低了贷款意愿。

在实际情况中，存在缺乏有效资信证明或者有价值抵押物的融资方在常规融资渠道无法取得贷款，比如处于萌芽期的高科技小微企业，或者收入不稳定的自由工作者，股份制商业银行互联网金融虽然为之提供了有效融资渠道，但这样股份制商业银行也会面临比较高的风险，从而会通过提高利率来弥补高风险。融资方可能因为缺少资金来源而在面对高成本的贷款的情况下向股份制商业银行妥协，这将进一步加重其资金压力，这就解释了信贷市场上高风险会使融资方产生违约行为，从而进一步引起金融风险的原因。因此，就需要政府对互联网金融进行调控，完善相应的配套制度，建立信用体系，同时通过提供税收优惠、风险补贴等方式降低银行贷款风险，引导股份制商业银行互联网金融健康发展。

4.3 单次贷款归还阶段的互联网金融风险形成

4.3.1 单次贷款归还阶段的三方博弈假设

当融资方归还贷款时，政府的决策行为仍然为对股份制商业银行互联网金融进行调控和不调控两种。政府调控指在政府的风险监管下，一是对融资方采取鼓励措施，使融资方守信还贷；二是融资方违反承诺时，政府就应该选择调控决策，帮助和监督股份制商业银行追索贷款，使或有损失降到最低，此时政府选择调控的概率为 P_1，不调控的概率为 $1-P_1$。融资方的决策为违约或还贷，当政府进行调控时，融资方还贷概率用 P_4 表示，相对应地，政府不调控情况下其还贷概率用P_4'表示。股份制商业银行的决策选择分为追索和不追索。在政府调控及风险监管下，股份制商业银行追索的概率是 P_5；在政府不调控的条件下，股份制商业银行追索的概率是 P_5'。显然，$P_4 \geqslant P_4'$，$P_5 \geqslant P_5'$。

在政府调控的条件下，如果融资方履约还贷，那么融资方得到政府的补贴或者税收减免 R_4 以及资金投入产生的收益 R_1C，即资金投入乘以收益率。股份制商业银行的收益为互联网金融放贷产生的利息 R_2C 以及政府调控带来的风险补贴或税收减免 R_3。政府会得到税收收益 E_1，博弈三方的收益分别是 R_1C+R_4、R_2C+R_3、E_1。

在政府调控的条件下，如果融资方违约，股份制商业银行选择追索，在政府严格的风险监管协调下，银行能减少大量追索成本。若作出以下假设：股份制商业银行的成本为0；融资方在被追索后因处罚而导致贷款收益为0；政府因融资方违约而存在税收损失，最后的收益为 E_2，且 $E_2<E_1$，那么融资方、股份制商业银行和政府的收益分别为0、R_2C+R_3、E_2。

在政府调控的条件下，如果融资方违约而股份制商业银行选择不追索，银行将失去贷款本金，此时博弈三方的收益将变化为 R_1C+C、R_2C+R_3-C、E_2。

在政府不调控的条件下，如果融资方履约还贷，那么政府得到的收益为 E_1，此时博弈三方的收益分别是 R_1C-a、R_2C+R_3、E_1。

在政府不调控的条件下，如果股份制商业银行互联网金融仍然放贷，融资方违约，股份制商业银行可以选择追索或者不追索。在缺少政府政策支持的条件下，股份制商业银行如果对融资方追索，将会付出追索成本 H，追索之后，融资方可能采取拖延还贷等各种方式留存一些收益，假设这部分收益为 R_5，此时博弈三方的收益分别为 R_5-a、R_2C+R_3-H、E_2；若银行选择不追索则损失贷款本金，此时博弈三方的收益分别为 R_1C+C-a、R_2C+R_3-C、E_2。

4.3.2 基于三方博弈模型的单次贷款归还阶段金融风险形成机理

根据单次贷款归还阶段的三方假设，得到下列方程：

（1）融资方

融资方还贷的期望收益为

$$U_1'=P_1(R_1C+R_4)+(1-P_1)(R_1C-a) \tag{4.7}$$

融资方违约的期望收益为

$$\begin{aligned}U_1^*=&P_1(1-P_5)(R_1C+C)+\\&(1-P_1)[(1-P_5')(R_1C+C-a)+\\&P_5'(R_5-a)]\end{aligned} \tag{4.8}$$

当 $U_1'\geqslant U_1^*$ 时，履约收益大于违约收益，融资方会选择还贷，简化得：

$$R_4 > \frac{P_5'(1-P_1)(R_5+2a)}{P_1} - \frac{P_5'C(1+R_1)}{P_1} - (P_5-P_5')(R_1C+C) \tag{4.9}$$

（2）股份制商业银行

当融资方违约时，股份制商业银行进行追索的期望收益为

$$U_2' = P_1(R_2C+R_3) + (1-P_1)(R_2C+R_3-H) \tag{4.10}$$

股份制商业银行不追索的期望收益为

$$U_2^* = P_1(R_2C+R_3-C) + (1-P_1)(R_2C+R_3-C) \tag{4.11}$$

当 $U_2' > U_2^*$ 时，追索取得的收益大于不追索的收益，股份制商业银行会选择对融资方进行追索，简化得：

$$H < \frac{C}{1-P_1} \tag{4.12}$$

（3）政府

政府进行政策调控的期望收益为

$$U_3' = P_4E_1 + (1-P_4)[P_5E_2 + (1-P_5)E_2] \tag{4.13}$$

政府不进行政策调控的期望收益为

$$U_3^* = P_4'E_1 + (1-P_4')[P_5'E_2 + (1-P_5')E_2] \tag{4.14}$$

式中：E_1 是融资方履约还贷后政府的收益；E_2 是融资方违约后政府的收益。

当 $U_3' > U_3^*$ 时，政府会在融资方还贷阶段提供政策调控，融资方若违约一定会有损失，则

$$E_1 > E_2 \tag{4.15}$$

综上所述，股份制商业银行为在还贷博弈中实现自身利益最大化，只能在政府严格的风险监管下放贷。

根据以上推导，可以得到贷款归还阶段的博弈树，见图4.4。

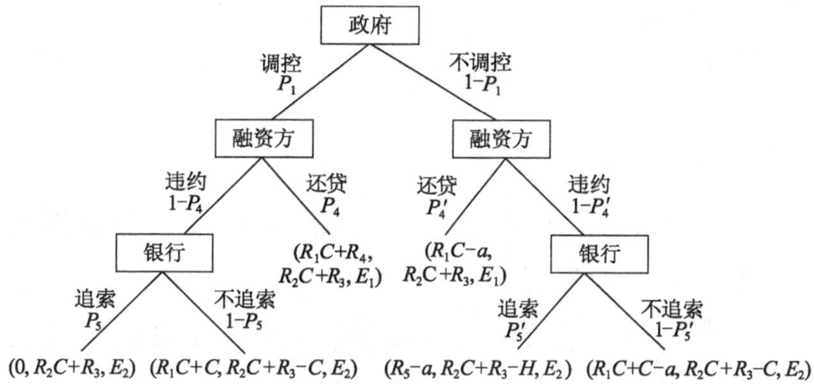

图4.4　单次贷款归还阶段的三方博弈树

由以上推导过程可以看出，融资方是否违约与政府调控下对融资方的税收减免及还贷奖励 R_4、融资方贷款收益率 R_1、政府不调控条件下银行追偿后融资方的保留收益 R_5、贷款成本 a 有关系。政府对互联网金融调控的条件下，融资方还贷得到的税收减免或履约奖励越多，融资方收益水平越高，式（4.9）右边数值越小，式（4.9）越容易成立，融资方违约的风险越低。政府对互联网金融不调控的条件下，银行追偿后的融资方收益越多，贷款成本越高，式（4.9）右边数值越大，式（4.9）越不容易成立，融资方违约的意愿就越强烈，股份制商业银行互联网金融风险越高。

4.4 多次借贷申请的互联网金融风险形成

4.4.1 多次借贷申请重复博弈的模型假设

对模型作如下假设：

（1）博弈方具有理性，满足理性人假设；与单次博弈一样，都以追求自身利益最大化为目标。

（2）对股份制商业银行互联网金融有需求的融资方在长期借贷的重复博弈中，上一期的融资方信用情况将会被政府和股份制商业银行作为采取行动时的重要参考。如果上一期融资方正常还贷，将会增加股份制商业银行对融资方的信任，政府会选择采取调控，在政府的风险监管和鼓励政策下，融资方选择贷款和股份制商业银行选择互联网金融放贷的意愿都会提高；若上一期融资方选择了违约，股份制商业银行则会停止对融资方互联网金融放贷，在这种情况下，长期借贷的博弈就会终止。

（3）博弈方之间信息不对称，融资方对自身情况最为了解，具有信息优势；股份制商业银行和政府对融资方的信用情况无法全面掌握，因此处于信息劣势。股份制商业银行和政府根据前期互联网金融放贷情况，对融资方运用风险识别和风险评估等风险管理手段判断本期的融资方信誉情况，以决定是否进行互联网金融放贷和调控。

（4）政府成本在长期借贷中不予考虑。

假设贷款总期数为 T，其中任意期为 t，$1<t<T$。对于

贷款任意期 t，假设融资方在 t 期前都能正常还贷，则第 t 期政府和股份制商业银行会对融资方信任：政府会加大对融资方的调控力度，概率为 P_{t1}；在政府的风险监管下，股份制商业银行通过互联网金融向融资方放贷的概率是 P_{t3}，政府在具有风险因素下不调控时股份制商业银行通过互联网金融仍然放贷的概率为 P'_{t3}，则可得 $P_{t3} > P_3$，$P'_{t3} > P'_3$。同时，假设融资各期，融资方违约后股份制商业银行追索的概率以及政府不调控条件下融资方贷款的成本不变。

4.4.2 基于重复博弈模型的多次借贷金融风险形成

在第 t 期，融资方的期望收益为

$$
\begin{aligned}
U_t = & P_{t1}P_{t3}[P_4(R_1C + R_4) + (1 - P_4)(1 - P_5)(R_1C + C)] + \\
& (1 - P_{t1})P'_{t3}\{P'_4(R_1C - a) + (1 - P'_4)[P'_5(R_5 - a) + \\
& (1 - P'_5)(R_1C + C - a)]\}
\end{aligned} \tag{4.16}
$$

U_t 与 P_{t1}、P_{t3}、P'_{t3} 具有正相关的关系，也就是说在股份制商业银行互联网金融贷款重复博弈的模型中，股份制商业银行选择对融资方长期进行互联网金融放贷的概率越大，融资方能获得的期望收益就越大。而在股份制商业银行多次互联网金融放贷中，上一期融资方的还贷情况会决定股份制商业银行互联网金融的长期放贷概率，因此如果上一期融资方按时还贷，则本期政府将更有可能进行调控，由此股份制商业银行也更有可能进行放贷，融资方更有可能获得互联网金融贷款，从而获取更高的期望收益，这就是对融资方的声誉约束。理性的融资方将重视声誉这一因素，努力营造守信的形象，以得到股份制商业银行和政府的信任，提高在下一期乃至更长远获得互联网金融贷款的概率。

如果第 t 期博弈结束后，融资方停止申请股份制商业银行互联网金融贷款，那么博弈也会结束。故博弈的任一期只要开始，融资方一定会申请贷款。基于前面各项假设，结合申贷和还贷博弈树，得到三方博弈过程中任一时期的博弈树，见图 4.5。

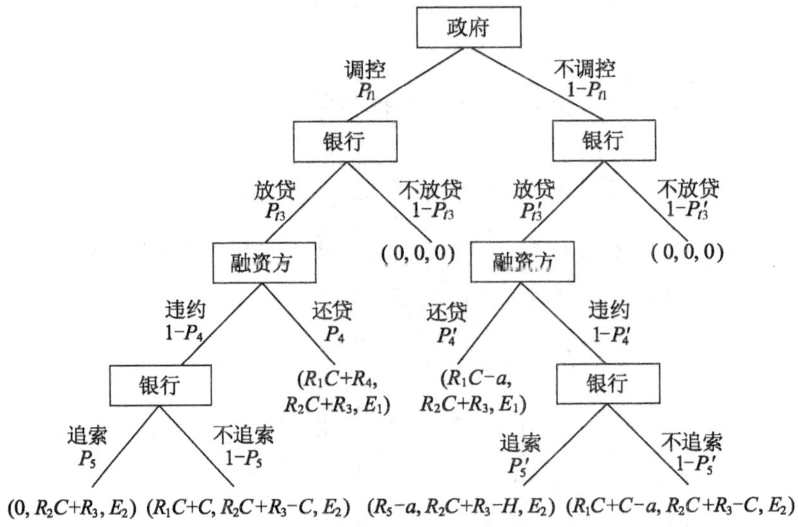

图 4.5　多次贷款重复博弈中的三方博弈树

在有限次重复博弈中，当融资方已知第 T 期为最后一期，就不会再顾及声誉从而选择违约，因为这样对他没什么影响。此时虽然没有声誉约束的影响，但政府调控的风险监管职能中有相关规定，将对融资方的违约行为进行处罚，故在最后一期，理性的融资方仍会权衡违约与还贷之间的收益差别。

（1）融资方还贷：

融资方按时还贷的期望收益为

$$U' = P_{T1}P_{T3}(R_1C + R_4) + (1 - P_{T1})P'_{T3}(R_1C - a) \quad (4.17)$$

（2）融资方违约：

融资方违约的期望收益为

$$\begin{aligned} U^* = & P_{T1}P_{T3}(1 - P_5)(R_1C + C) + \\ & (1 - P_{T1})P'_3[(1 - P'_5)(R_1C + C - a) + \\ & P'_5(R_5 - a)] \end{aligned} \quad (4.18)$$

（3）融资方选择还贷：

当 $U' \geqslant U^*$ 时，融资方会选择还贷，求导可得：

$$\begin{aligned} & \frac{\partial(U' - U^*)}{\partial R_1} > 0, \frac{\partial(U' - U^*)}{\partial R_4} > 0 \\ & \frac{\partial(U' - U^*)}{\partial P_5} > 0, \frac{\partial(U' - U^*)}{\partial P'_5} > 0 \\ & \frac{\partial(U' - U^*)}{\partial R_5} < 0, \frac{\partial(U' - U^*)}{\partial a} < 0 \end{aligned} \quad (4.19)$$

这表示在有限次的互联网金融重复博弈模型中，融资方收益率 R_1、政府对融资方的奖励 R_4、政府调控下股份制商业银行对融资方追索的概率 P_5、政府不调控下股份制商业银行追索的概率 P'_5、政府不调控且股份制商业银行追索下融资方的保留收益 R_5，与政府不调控下融资方的贷款成本 a 有关系。融资方收益率越高、股份制商业银行追索概率越大，政府给予融资方的奖励就越多，融资方还贷的概率就越高。如果政府在风险因素下不调控，融资方被追索后的保留收益 R_5 与融资方的贷款成本 a 相关，而 a 又与融资方违约的概率正相关，则 R_5 与 a 越大，融资方违约的概率越高。故为保证融资方守信履约，股份制商业银行要加强对融资方贷款风险的管控；另外政府可以通过制定法律措施、健全法规准则等，做好风险监管，协助股份制商业银行采取追索措施，在这种情况下，股份制商业银行在政府的帮助下将最小化追偿成本，从而实现损失最小化。

无限次重复博弈模型中 T 趋向于无穷，在最后一期 T 之前的任意一期 t，若发生融资方违约，则股份制商业银行会停止放贷，融资方会因此损失本来的收益，且后期贷款收益也会因为当期信誉损伤而丧失。也就是说，若融资方有在第 t 期违约的意愿，他将对违约后的收益和正常还贷情况下的收益进行对比，权衡做出损失最小的决定。

（4）设融资方的贴现因子是 σ，则融资方选择在第 t 期正常还贷所得到的收益和第 t 期之后各期贷款所得的期望收益总和表示为

$$U'_{\infty} = P_{t1}P_{t3}(R_1C + R_4) + (1 - P_{t1})P'_{t3}(R_1C - a) + \sum_{i=t+1}^{\infty}[P_{i1}P_{i3}(R_1C + R_4) + (1 - P_{i1})P'_{i3}(R_1C - a)]\sigma^{i-t} \tag{4.20}$$

（5）融资方在第 t 期违约的期望收益为

$$U^*_{\infty} = P_{t1}P_{t3}(1 - P_5)(R_1C + C) + (1 - P_{t1})P'_{t3}[(1 - P'_5)(R_1C + C - a) + P'_5(R_5 - a)] \tag{4.21}$$

当 $U'_{\infty} \geqslant U^*_{\infty}$ 时，融资方履约还贷的期望收益大于违约的期望收益，融资方会选择还贷。由此可知，在此博弈模型

中，$U'_{\infty} \geqslant U^{*}_{\infty}$较容易实现。其一，若融资方选择违约，股份制商业银行就没有正常收益；其二，如果政府对融资方违约进行处罚，融资方被股份制商业银行强力追索还贷，融资方可能面临很大的金融风险；其三，在无限次重复博弈中，融资方坚持遵守合约还贷，获取的收益是很可观的；其四，融资方选择违约，将使以前各期正常还贷的信誉积累功亏一篑，还会使融资方形象有所损失，造成融资方之后难以贷款。这都会提高融资方的违约成本。因此，在三方重复博弈中，股份制商业银行要加强风险管理，尤其对融资方的风险控制更加重要，要使融资方选择违约的概率减小，理性地坚持履约。

4.4.3 多次借贷申请重复博弈的策略分析

（1）股份制商业银行的互联网金融风险管理主要受政府和融资方行为的影响。融资方的优质信誉能申请获得资金需求融资数（u_1）、融资方的不良信誉不能申请获得资金需求融资数（u^*）对参与者策略选择的影响较大，可通过改变这些参数来管控股份制商业银行对金融风险进行管理。

（2）在股份制商业银行、政府和融资方的博弈中，三方中任意一方成本增加都会导致系统关系恶化，合理控制风险管理成本有利于提高股份制商业银行互联网金融风险管理水平。理想的情况应该是：政府采取调控政策，融资方有良好的信誉，股份制商业银行做好互联网金融风险管理，向融资方放贷。

（3）股份制商业银行互联网金融风险管理需要政府发挥主导作用，确定合理的调控水平，实现对股份制商业银行互联网金融自律机制的引导，从而促进股份制商业银行与融资方的良性互动[136,137]；这也有利于股份制商业银行互联网金融风险管理。总之，应从股份制商业银行、融资方和政府三个方面，构建股份制商业银行互联网金融风险管理的协同治理机制。

4.5 本章小结

本章基于博弈理论构建了政府、股份制商业银行、融资方三方之间的股份制商业银行互联网金融风险博弈模型，分别探寻了单次贷款、多次贷款下贷前申请阶段、贷后还款阶段博弈各方行为的动态过程，模拟了不同行为选择得出的结果。根据分析得出以下结论：

（1）申贷时，政府对融资方贷款采取政策调控的情况下，能够增加股份制商业银行放贷的意愿，也会提高对融资方的声誉约束督促其按时还贷，从而降低股份制商业银行放贷的风险和成本，三者形成互相监督、互相促进的良性关系。因此，政府应着力加强对融资方的信用监管，制定和完善相关的法律政策措施，建立信用评级制度。同时，股份制商业银行以及行业协会要加强联动，做好贷前审查工作，并加强贷后风险管理。

（2）在贷款归还阶段，政府的政策除鼓励融资方守信还贷外，还包括融资方违约时，协助股份制商业银行进行追索，最大限度地减少股份制商业银行的损失，并根据实际情况处罚违约者，减少违约所带来的损失，从而降低违约风险，帮助股份制商业银行做好互联网金融风险管理工作。

5 股份制商业银行互联网金融风险类型与识别

股份制商业银行互联网金融风险是客观存在的，所以具有一定的客观属性，可以探寻其背后形成的原因。本章在前面研究的基础上，总结股份制商业银行互联网金融的风险成因与风险类别，同时，对股份制商业银行互联网金融风险进行识别，为后续股份制商业银行互联网金融风险评估及建立分级预警机制提供依据。

5.1 股份制商业银行互联网金融风险成因与传导

股份制商业银行互联网金融风险的成因及传导均属于客观存在的事物，当客观风险存在并发生时，就需要对其进行风险管理。因此，对于风险的成因及传导的研究是股份制商业银行互联网金融风险管理研究的基础。

5.1.1 股份制商业银行互联网金融风险成因

(1) 与传统金融相同的风险成因

① 金融脆弱性

如第1章所述，由于金融业具有高负债经营等特点，始终处于高风险的状态，因此整个系统本身具有一定的脆弱性，而这种脆弱性则是导致金融风险出现的最为重要的因素之一。互联网金融作为一种金融创新模式，也具有传统金融市场的脆弱性特征。然而互联网金融在发展中不仅体现出许多传统金融所固有的风险，还由于行业自身特征产生了特有风险，这使得金融体系的脆弱性不断增加。因此，金融脆弱性是股份制商业银行互联网金融风险形成的本质原因。

② 金融顺周期性

传统金融体系与实体经济之间会形成动态的相互作用，在很大程度上助长了经济繁荣与萧条的周期性规律形成，从而使得全球经济的周期性波动变得更加剧烈，这样无疑使得金融市场更加不具有稳定性，从而引发金融风险。互联网金融可以说是基于传统金融的一种创新模式，和实体经济之间同样也具有作用力与反作用力。因此，互联网金融的健康持续发展，必然离不开实体经济对其进行的正向激励。而市场经济周期性波动是客观存在的规律，当实体经济下行时，由于经营者利益受损，互联网金融投资者自然也无法得到应有的保障，容易导致风险产生。因此，互联网金融和实体经济之间这种相互作用的关系，使得市场经济周期性波动进一步加剧，而这种机制也成为股份制商业银行互联网金融风险产生的另一个非常重要的因素。

③ 金融市场中的信息不对称

信息经济学指出，在现实的市场经济当中，信息不对称其实是普遍存在的，而这种情形又会导致商品价格的变化和市场相关机制的失灵。从委托和代理二者之间的关系分析，代理人和委托人相比，无疑具有信息上的优势，也就是说二者之间的信息事实上也是不对称的。金融市场作为整体经济活动中的一部分，也会因为信息不对称而导致市场失灵。在互联网金融中，大数据的广泛应用本质是为了解决交易各方信息不对称的问题，但是，信息核实成本过高、交易的即时性及行业信息相对封闭等特征，导致交易各方的身份及所提供的信息变得非真实。同时，历史数据不能完整全面地体现未来的数据，造成了信息的不可靠。虚拟信息的非真实性和非可靠性造成交易各方在获取市场信息的程度上存在着一定的差异，而在这样的情形下，拥有信息优势的一方为了让自身最大限度地获取利益，就可能违背自身的道德底线，进行逆向选择，这样很有可能会引起挤兑风险与传导效应，而这是造成股份制商业银行互联网金融风险的核心因素之一。

④ 互联网金融风险管理制度创新假说

金融创新和金融监管之间是相互作用和博弈的，金融抑制理论认为政府过多地干预经济活动，将会抑制经济的发展。因此，过度的金融监管会阻碍金融创新，从而阻碍金融行业服务于实体经济，并对经济发展产生消极作用。金融创新的过程必然也是金融行业发展的过程，但是从某种程度上讲，其还是为规避金融监管而出现的创造性开发和变革。但是这一变革往往伴随着风险。与金融抑制理论相对应，金融监管不力亦是导致金融风险的重要原因之一。互联网金融在具有传统金融创新与金融监管关系的基础上，由于具备长尾效应和普惠金融的特征，其风险出现涉众广、传导快、范围大、复杂性强等特征。然而，由于互联网金融发展速度快且模式众多，我国监管政策及法律法规很难跟上互联网金融创新的速度，因此导致互联网金融风险积聚。在新制度经济学中，存在制度创新困境的理论，互联网金融特征下带来的制度创新也存在困境，主要表现在：其一，互联网金融产品、服务更新快且模式多，使得目前很难制定一部时效性强的针对性法律法规对其进行管理；其二，目前我国处于分业监管模式，而从互联网金融经营发展过程来看，其尚处于由分业经营朝着混合经营发展的阶段，这种多样化的经营模式无疑给当前的监管部门带来了很大的压力；其三，目前我国分业监管体制与由互联网金融引发的整体社会金融体制的变动不相适应。互联网金融在发展的过程当中，把基金、证券、银行业务都连接在了一起，从而形成了一种风险共担的产业链，但是当前分业监管的方式却让互联网金融能够游离于监管之外，从而造成了股份制商业银行互联网金融风险的集聚。

（2）互联网金融特有的风险成因

① 信息技术特征下的风险成因

信息技术的不安全性。互联网金融是在互联网信息技术不断深化的基础上得以发展的，但是互联网本身所具有的开放性和固有的缺陷也给互联网金融的发展带来了风险因素的积累，给股份制商业银行互联网金融风险管控带来了巨大挑战。具体表现：一方面，由于互联网金融与互联网系统之间是彼此依存的，其与传统的金融系统不同，具有更大的开放性，而且互联网系统不管是从硬件还是软件上都不是绝对安全和完善的，这种情况也导致互联网金融系统可能遭受病毒或者木马的攻击，轻则造成数据的泄露或资金被盗取的情况，重则使得整个银行业金融机构及系统陷入瘫痪状态。另一方面，由于股份制商业银行互联网金融的发展尚处于起步阶段，其在对相关的信息进行处理时，一般都是整体外包出去或者采取购买的形式。因此，也就出现了不同的银行在技术解决上标准不一的情况。为了节约成本，某些银行有可能选择一些技术水平较低的平台或机构，而这无疑会使其所用的系统存在某些缺陷或者漏洞，当出现相关的技术危机时，这些相互连接的互联网金融系统的实际工作便有可能陷入瘫痪状态，从而造成一定的系统性金融风险。

信息技术的相对滞后。目前，中国互联网技术的发展与世界发达国家相比还存在着很大的差距。首先是支持技术相对滞后。不论是云计算、大数据，还是在相关的金融产品模型的创新上，我国“动态大数据库”的构建和完善还处于滞后状态。其次是系统交联技术相对落后。因为互联网系统技术的开发管理成本相对较高，只有大型国有银行才能承担得起这样的成本，而对于大多数小微企业和个人来说是无法承担的。同时，出于竞争和自身的考虑，当前的金融机构彼此之间在技术上展现出互相隔离、几乎不互通共享的现状。最后是防护技术发展相对滞后。由于互联网技术本身所具有的开放性特征，其很容易遭到黑客的攻击，从而造成数据和资金等被窃取。但是目前中国使用的互联网防护技术大多是从国外引进的，不仅没有自主性，而且还存在着很多的风险隐患和安全漏洞。

信息技术的过度渗透。信息技术的高速发展以及移动终端的极大普及使我国互联网金融出现井喷式发展。与此同时，信息技术的过度渗透使得互联网金融的风险逐步显现。从传统金融的表现形式上看，其一般都是货币信息的传递及交换，而互联网金融则通过数字化的信息来取代货币，在具体交换和传递的过程中拥有速度快、范围广、规模大等诸多特征。过度使用数字化信息，容易忽略金融及货币的本质，一旦出现信息安全问题，系统遭到攻击，很有可能造成金融风险中的系统性风险。

② 融资方非理性行为

如前所述，股份制商业银行互联网金融借助信息技术以较低成本为传统金融无暇顾及的“尾部”市场提供碎片化和低门槛的金融服务。而这些“尾部”中的融资方与传统金融融资方相比，具有数量众多、低端化、非理性及风险承受能力差等特征。正是因为互联网金融所具有的大众化、普惠性特征，使得融资方非理性行为加剧且叠加。一方面，互联网金融的融资方主要来自风险意识和投资观念不强的普通民众，其对于互联网金融交易过程中所涉及的专业知识知之甚少且对互联网金融交易方式、内容的认知极为有限，而且不少人都抱有投机心理，很容易造成“羊群效应”。在贷款额度相对较小的情况下，融资方往往会忽略风险的存在，使得互联网金融风险不断加剧。而在融资方非理性贷款行为不断增加时，金融风险也在不断地累积，最终很有可能形成系统性风险，甚至引发群体事件，从而影响社会稳定。另一方面，互联网思维让很多融资者在贷款的过程中容易失去风险控制的意识，在互联网金融法律法规尚未健全的情况下，金融风险意识更加钝化。

③ 专业能力缺失

我国传统金融机构经历几十年的发展，在政府严格监管下，准入门槛高且业务运作规范，具有较高的专业能力和信用水平。而互联网金融机构或平台与之相比，尚处于新兴阶段，行业整体基础薄弱、缺乏经验，且准入门槛相对较低，加之我国互联网技术与世界平均水平相比相对落后，使得互联网金融机构专业能力参差不齐。甚至有些未经审批的民间借贷公司游离于监管之外，从事非主营业务外的非法业务，极易引发金融风险波及股份制商业银行。从专业层面看，形成股份制商业银行互联网金融风险的因素还包括：首先，互联网金融是建立在互联网技术革命下的新金融模式，但同时具备互联网技术和金融知识的人才十分稀缺；其次，股份制商业银行互联网金融刚刚起步，互联网技术尚待完善，在互联网金融业务运作方面的专业水平不高且经验较少，与传统金融相比，在产品定价、风险评估及内部控制等方面存在较大差距；再次，互联网金融所面对的通常是一般的散户或小微企业，其资金的需求者以“尾部”对象为主，这也造成其面临着更多的不确定性和不可预测性。这些都对股份制商业银行提出了更高的要求，而许多银行在这些方面存在缺陷，在很大程度上会导致其出现操作、信用及流动性等方面风险加剧。

④ 信用水平缺失

我国当前的法律法规和监管均处于不健全和不完善的现状，尚未完全建立失信惩戒制度。而融资方在利益的驱使之下，由于偿还能力不足，极有可能出现携款潜逃、信用违约等情况，而这将会对股份制商业银行造成极大的损害，尤其是在互联网金融竞争不断加剧的情况下，金融机构为了能够扩大业务量，很有可能出现向信用水平低的客户发放互联网金融贷款的情况，而所有这些对于股份制商业银行而言，无疑是巨大的风险。

⑤ 行业自律严重失衡

一方面，由于互联网金融本身所具有的虚拟性的特征，使得其融资方与股份制商业银行之间成了利益共同体，而另一方面二者又是相对独立的，拥有不同的特性，因此要想将两者紧密结合起来，除了通过法律法规约束之外，交易双方还必须在道德和信用的基础及法律法规的底线上，实现高度的行业自律。但是从当前的情况来看，随着互联网金融的飞速发展，不论是法律体系的构建，还是相关方信用和精神层面的发展，都处于失衡状态。

5.1.2 股份制商业银行互联网金融风险传导

（1）传统金融的风险传导

① 基于金融市场外部性的风险传导

新制度经济学认为，市场失灵的一个重要原因是外部性的存在。金融机构的经营具有很强的外部性，包括正外部性和负外部性。与其他行业相较而言，金融机构的发展拥有更大的负外部性。而这种情况与其大范围的债权债务关系有着很大的关联，其中主要包含金融机构之间及其与社会公众的债权债务关系。即使对正常经营的金融机构来说，也有可能因为存在债权债务关系的原因而面临经济损失，甚至在严重的情况下出现破产或倒闭。就股份制商业银行而言，银行挤兑的发生，在很大程度上是由于存款者的不信任而引起的。如果银行出现挤兑的情况，不但会对普通民众造成影响，而且还可能出现社会债权债务中断的情况，从而造成“多米诺骨牌效应”，这就是由金融市场负外部性导致的金融风险传导。可以看出，如果经济周期处于衰退时期，金融业欠发达且运行不稳健，使资金融通放缓，产生市场风险，市场风险在金融机构间不断累加并持续蔓延，将导致经济危机。另外，在经济金融不稳定时，央行将采取提高存款准备金等货币政策，股份制商业银行的资产结构将受到政策的影响，出现流动性风险和政策性风险，进而形成市场风险，最终导致经济危机。

② 基于金融市场脆弱性的风险传导

银行业金融机构的目标是追逐利润最大化，这使其在运作过程中风险业务不断增加，进而导致机构内系统的不稳定性，机构内部的操作风险、经营风险和信息技术风险等在机构中的不同部门间相互传导。当上述风险在金融系统产生内部传染时，股份制商业银行如果没有内部机制进行防范和控制，在风险不断累积的情况下，将从股份制商业银行传导到其他同业、实体经济以及个人，进而使得信用风险出现并放大。

③ 传统金融风险传导路径

传统金融风险可以根据风险来源分为外部风险和内部风险，外部风险包括政策法规风险、信用风险等，内部风险主要为经营风险。传统金融的外部风险常常是由经济下行周期带来的投资供需下降，加大市场风险。如果市场风险不断加大，将会向金融市场传导，最终可能造成经济危机。因此，传统金融风险的传导路径为经济下行导致的市场风险传导至金融市场，进而造成金融危机。

传统金融的内部风险一般来自于银行自身的经营管理，如果没有很好地对风险进行管理与控制，风险将会由银行内部进一步传导至外部，从而产生外部的市场风险、信用风险和流动性风险等。因此，传统金融机构的内部风险传导路径为经营风险传导至金融机构外部，进而传导至整个市场造成市场风险、信用风险和流动性风险等。

（2）互联网金融的风险传导

不同的风险成因，将识别出不同类型的风险，但是由于风险传导性的存在，不同类型的风险都将在银行同业及其他金融机构之间传导，最终传导至实体经济，甚至对社会稳定产生影响。

① 政策法规风险

在资金总量不变的情况下，流向股份制商业银行的资金增多时，流向其他金融机构的资金金额就将减少，两者存在一种相互竞争的关系。但是，如前面所述，互联网金融相对于传统金融，其金融的本质与核心没有变，仍然是资金融通、服务于实体经济的平台。因此，在政策法规不健全、不完善的前提下，股份制商业银行自身如果没有较好的风险管理基础、内部合规控制体系，其发生风险的概率要大于政策法规已经相对较为完善的传统金融。在政策法规跟不上互联网金融产品和服务创新的步伐时，融资方的信用违约行为很可能为股份制商业银行带来风险。因此，传导路径：互联网金融不断创新发展→政策法规不健全→互联网金融融资方发生违约行为→股份制商业银行内部控制及风险管理不完善→互联网金融产生风险→同业及金融机构之间风险传导→风险传导至实体经济→对社会稳定产生影响。

② 信用风险

互联网金融的一大特征是“长尾效应”，与传统金融的二八定律相反，互联网金融服务的是“拥有百分之二十财富的百分之八十的群体”，债权和债务的单笔平均金额相对传统金融都要小很多，对于债权人和债务人的准入资格审查机制并没有完善。因此，互联网金融出现违约的概率相对较大。单笔违约的情况并不会对股份制商业银行产生影响，但是大量违约聚集在一起，如大量债权人提前取款或大量债务人到期没有还款，将会导致股份制商业银行出现信用风险。因此，传导路径：缺乏对债权人或债务人的资格审查→出现提前提款或到期不还款的违约情况→信用风险→同业及金融机构之间风险传导→风险传导至实体经济→对社会稳定产生影响。

③ 经营风险

互联网金融业务是基于传统金融的基础交易市场进行的，受到传统金融交易市场利率、汇率、股票价格和商品价格的影响。而传统金融作为较成熟的市场，利率、汇率等波动相对于不成熟的互联网金融市场较小，因而造成的经营风险也较低。因此，传导路径：互联网金融市场利率、汇率等波动较大→潜在收益或损失不确定→经营风险→同业及金融机构之间风险传导→风险传导至实体经济→对社会稳定产生影响。

④ 操作风险

一方面，股份制商业银行互联网金融尚处于发展初期，在金融和科技两方面都较为专业的互联网金融从业人员十分稀缺，从业人员的整体专业水平相对较低。因此，在进行交易和操作时，可能会出现因专业问题而对银行造成损失。另一方面，与传统金融一样，可能出现道德风险。以上两种都是从业人员操作过程中产生的风险。因此，传导路径：从业人员专业水平较低或道德风险→带来直接或间接损失→操作风险→同业及金融机构之间风险传导→风险传导至实体经济→对社会稳定产生影响。

⑤ 信息技术风险

互联网金融的业务均是在互联网平台上进行交易的，对于互联网的软件和硬件要求都很高。但是，一方面，目前我国与发达国家相比，互联网技术相对落后，很容易受到病毒感染和黑客攻击等；另一方面，考虑到提高效率和降低成本，不少股份制商业银行将核心技术外包。以上两种情况都会造成数据的泄露，最终可能给客户带来巨大损失。因此，传导路径：互联网金融技术故障或数据外泄→系统瘫痪→信息技术风险→同业及金融机构之间风险传导→风险传导至实体经济→对社会稳定产生影响。

⑥ 声誉风险

由于股份制商业银行互联网金融的资金涉及融资方，如果融资方出现携款潜逃或信用违约，而银行被禁止刚性兑付时，此则负面消息就会造成股份制商业银行互联网金融声誉风险。因此，传导路径：融资方携款潜逃或信用违约→股份制商业银行禁止刚性兑付→声誉风险→同业及金融机构之间风险传导→风险传导至实体经济→对社会稳定产生影响。

（3）比较分析

根据前面的分析，互联网金融是互联网技术变革下一种新的金融模式，并没有改变金融的本质与核心功能。因此，互联网金融风险传导的类型、来源以及最终对实体经济的影响并没有改变。但是由于互联网金融所具有的“互联网、长尾效应、普惠金融”特征，使得互联网金融的风险传导相对于传统金融而言，传导速度快、涉众广、相对复杂。第一，互联网金融的交易是通过网络进行的，一旦出现较小风险，就会通过互联网迅速传播；第二，传统金融遵循二八定律，即为百分之二十的群体配置百分之八十的资产，而互联网金融遵循长尾理论，具有深刻的普惠金融的含义，所涉及的用户数量众多，一旦风险发生，将对大量用户造成损失，当受到损失的用户数量达到一定规模时，可能对社会稳定造成影响；第三，目前，传统金融仍然以分业经营为主，而互联网金融从业务及模式来看，涉及银行、保险、券商等多个金融机构。因此，股份制商业银行互联网金融风险发生后将在整个金融市场间进行传导，对不同金融机构都有影响。鉴于互联网金融风险传导速度更快，扩大程度更强烈，传导机制更加复杂，因此，对于股份制商业银行互联网金融风险的管理及监管应该更有针对性且更加灵活。

5.2 股份制商业银行互联网金融风险的类型

互联网金融风险的类型与传统金融风险有共性，也有差异。传统金融的风险一般有政策法规风险、信用风险、经营风险，而互联网金融特有的风险包括操作风险、信息技术风险、声誉风险[138]。

5.2.1 股份制商业银行互联网金融政策法规风险

政策法规风险是金融机构进行日常经营活动必须要遵循的行为规范和法律要求，一般由监管风险和合规风险两部分组成。监管风险是指股份制商业银行的经营活动受到法律法规、产业政策变化等方面的影响，降低了其市场竞争力以及抵御风险的能力；而合规风险是指股份制商业银行的不正当竞争受到监管部门的处罚，从而影响银行的正常运营。风险的表现形式一般有四种：第一种，股份制商业银行签订的合同超出法律法规的保护范围而无效；第二种，金融创新在法律法规设定的标准之外，导致创新的合法性无法得到保障；第三种，股份制商业银行在实际经营过程中有违背法律法规的不合法行为，从而受到相关部门的惩罚；第四种，从业人员的犯罪或者违规行为对股份制商业银行造成恶劣影响。目前关于股份制商业银行互联网金融的法律法规基本处于真空状态，本书在此基础上研究这种模式可能产生的政策法规风险问题[139]。

5.2.2 股份制商业银行互联网金融信用风险

信用风险是指因为个人或者企业违背与股份制商业银行签订的相关合约，造成违约的行为，从而导致授信方遭受严重的损失。这种风险在金融机构中普遍存在，例如商业银行的贷款业务、信用担保以及投资有价证券等。如果在这些业务发生的过程中股份制商业银行不能够准确识别风险，制定相关的措施去应对这些风险，则有可能会造成巨大的财产损失。

互联网金融是科技进步的产物，是通过互联网搭建虚拟的交易平台，以参与交易活动各方的信用为保障的金融新业态。虽然政府会对参与互联网金融的主体进行一定的行为约束，但是我国这方面的法律法规还不够健全，社会的诚信观念参差不齐，失信现象十分普遍[140]。要最大限度地降低股份制商业银行互联网金融的信用风险，不仅需要制度的保障，还需要各方的共同努力。建立健全互联网金融信用风险防范措施是目前的当务之急。

从征信的角度来看，各股份制商业银行尚未实现与第三方、电商的对接，这增加了股份制商业银行和客户在身份认证、征信查询等方面的困难[140]。另外，欧美等国家拥有成熟的征信系统，信用数据覆盖面非常广，且对于个人征信的审查标准较高，可见对于征信的重视程度之高[141]。相比较而言，我国在征信方面的投入很少，信用数据的准确性和完整性还存在很大不足，导致商业银行对客户的征信评定不够精准，无法降低信用风险。

从个人信用保密度来看，对于互联网金融行业来讲，成千上万用户的信用数据是行业正常经营活动的重要参考，是保证交易行为安全性和行业健康发展的关键。一旦个人信用数据出现虚假信息，银行就很难对客户的信用情况进行界定，会产生一定的信用风险，从而影响正常的金融交易活动。

5.2.3 股份制商业银行互联网金融经营风险

互联网金融是对传统金融模式的一种创新，经营模式也与传统模式有共通之处，一般从三个角度分析股份制商业银行的互联网金融经营风险[142]。

从流动性风险的角度看，持有适度的流动性资金是银行业金融机构能够正常运行的保证。传统金融一般设定存款准备金和保险准备金等制度，以应对负债和资金不足等情况的出现，而这些都是互联网金融所欠缺的。互联网金融缺乏完善的保险制度去应对流动性风险的形成，经营风险高于传统金融模式。

从选择性风险的角度看，一般由于股份制商业银行和客户掌握的信息不对等，这造成双方的判断有一定的选择性风险。一方面是股份制商业银行的选择风险，另一方面是客户的选择风险。前者是由于市场信息的不完全，银行不能对所有客户的有效信息进行判断和选择，不能准确定位金融产品的目标用户群体，从而使银行自身利益在运营过程中受损。后者则是从个人的角度来看，通常个人获取信息的渠道不够畅通，掌握的有效信息有限，使得消费者对参与互联网金融的商业银行的信用及发展情况不了解，提高了风险发生的可能性。

从关联性风险的角度看，一般股份制商业银行会选择其他金融机构或平台作为第三方合作对象。第三方一般介于股份制商业银行和客户之间起到连接各方的作用，一旦第三方机构由于某些不可抗拒的原因面临风险，则会威胁到其他主体的运行安全。产生关联性风险的主要原因，是无法准确掌握参与者的实际情况，同时我国互联网金融行业发展不够成熟，缺乏关联性风险的应对方法，加之政策制度相对匮乏，无法避免此类风险带来的危害。

5.2.4 股份制商业银行互联网金融操作风险

互联网操作风险一般是人为所致，通常由股份制商业银行内部操作系统存在漏洞或者银行工作人员对系统操作不够娴熟产生错误所致。互联网金融极大程度地方便了个人和银行的交易活动，但是也因为系统的缺陷以及人员自身技能水平而存在操作风险[143]。

互联网金融的支付方式一直在推陈出新，越来越精简的操作极大地方便了客户，例如现在流行的蓝牙支付、网银支付等。但是随之而来的问题是，这种简便的支付方式存在很大的安全隐患，一旦出现技术漏洞或者个人的操作失误，就会导致一定的支付风险。动态口令验证身份是目前客户登录网上银行最常用的方法，但是这种方法依然存在很大漏洞，一方面如今黑客技术手段高明，经常盗取客户个人信息；另一方面客户自身对信息保护的重视程度不够，缺乏风险防范意识，任何一方面的疏忽都会造成损失。

从参与互联网金融操作主体的角度来看，消费者或者银行从业人员对于这种新技术的掌握不够熟练，经常由于操作上的错误产生不必要的损失。例如，消费者在尝试使用网上银行支付时，遇到支付失败或者支付延迟的情况便重复操作，可能造成财产的损失。此外，随着互联网产业的蓬勃发展，网络诈骗现象丛生，消费者受到高投资回报的诱惑，常常陷入诈骗圈套，造成个人不必要的损失。另外，银行也是受害者，许多诈骗都是打着银行的幌子，导致银行口碑受损，间接损害了银行的利益。

5.2.5 股份制商业银行互联网金融信息技术风险

互联网金融风险除了受到人为因素影响以外，还受到计算机软硬件的影响。计算机软硬件的发展水平是保证互联网金融发展的基础，高技术含量的软硬件组合能够有效防止木马病毒、黑客攻击以及各种由技术缺陷造成的损失，有效降低互联网金融网络安全风险[144]。通常互联网金融信息技术风险主要有以下三个方面：

一是技术泄密风险。通常互联网金融的交易活动都是有严格的数据保密措施的，在传输过程中对关键信息进行加密处理，接受方通过特定的算法才能解密。但是如果技术不过硬，出现技术漏洞或者保护措施不够完善，容易造成信息的流失。

二是木马攻击风险。股份制商业银行和客户都是交易的主体，互联网金融活动归根到底依然是在一个虚拟的网络世界里完成的，交易者只能被动接受交易的发生。一旦在交易的过程中受到黑客和木马病毒的攻击，导致银行和客户信息大量流出，将严重危害互联网金融的安全，造成巨大的经济损失。例如现在不法分子伪造二维码、散播非法链接和攻击快捷支付漏洞等，利用互联网带来的技术优势，给股份制商业银行的互联网金融网络安全蒙上阴影[145]。

三是系统中断风险。这类风险发生的最主要原因就是系统负载能力不足，一旦系统需要同时承担和处理大量交易活动，就会导致交易活动不够流畅，甚至中断系统的运行。这种情况下轻则造成系统运行缓慢，重则导致系统瘫痪，丢失大量交易数据，严重威胁网络安全。

5.2.6 股份制商业银行互联网金融声誉风险

声誉风险是由于交易的主客体之间没有形成良好的关系，导致客户没有得到满意的体验，从而影响股份制商业银行在外的口碑，无形中增加了运营的风险。声誉的好坏直接关系到股份制商业银行在市场中的知名度和认可度，任何影响声誉的行为都会造成长久的危害。一方面，一旦股份制商业银行的信誉受损，将会直接影响客户对银行的信心和选择，进而直接影响两者的合作关系；另一方面，由于互联网金融过于依赖线上服务，若服务效果无法使客户满意，将会产生一系列不良连锁反应，扩大股份制商业银行的声誉风险[146]。

综上所述，股份制商业银行互联网金融风险类型见图5.1。

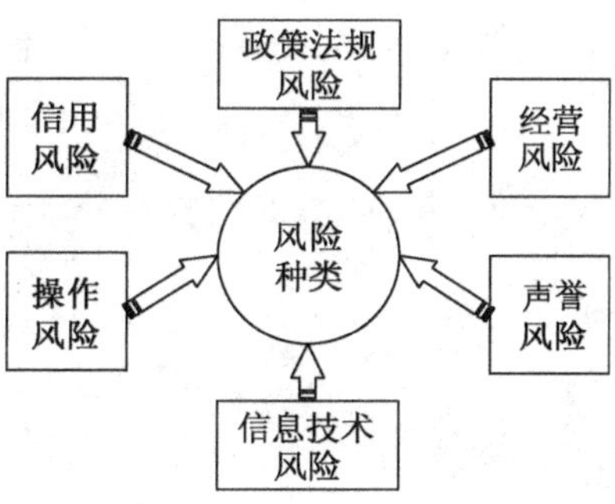

图5.1 股份制商业银行互联网金融风险种类

5.3 股份制商业银行互联网金融风险识别

产生股份制商业银行互联网金融风险的原因有很多，分门别类地区分这些风险，并加以防范，能够最大限度地减少风险带来的经济危害。风险是具有传导性的，一旦股份制商业银行互联网金融风险无法控制，将会不断扩散影响其他经济主体的运行。

5.3.1 政策法规风险识别

互联网金融与传统金融最大的区别在于线上和线下的差异，一般二者处于一种竞争的状态。如果线上交易模式发展明显好于传统的线下交易模式，那么其吸收资金的能力也是远远强于传统模式的。但是无论是线上还是线下，互联网金融的本质没有变，服务的对象依旧是千千万万的客户群体，其目的也是为了金融交易活动，所以仍然需要各种法律政策的保护。如果没有健全的法律体系来支撑互联网金融的发展，其发生风险的概率将大大提升。一般超越现有法律法规保护范围的互联网金融活动都存在一定的政策法规风险，对于此类风险的识别主要参照现有政策法规对行业的限制和规定。

5.3.2 信用风险识别

股份制商业银行互联网金融服务的群体相较于传统金融

更为广泛，传统金融服务的对象一般为集中掌握大部分财富的少数人，而通过互联网形成的新模式能够惠及更多的人。虽然互联网金融单笔交易金额可能远远小于传统模式下的交易金额，但是由于客户群体众多，一旦发生大量负债和违约的情况将会造成巨大损失。所以，识别个人信用风险能够降低违约失信的概率。对于信用风险的识别目前多采用设定个人征信标准，股份制商业银行的授信对象是符合征信标准的客户群体，能够准确识别出信用风险将会在很大程度上减少损失，保证互联网金融的健康发展。

5.3.3 经营风险识别

互联网金融尚处于行业发展初期，经营风险的识别需要具备娴熟的互联网技术和丰富的金融知识。但是，同时具备这两方面的专业人才十分稀缺，导致股份制商业银行经营风险识别能力不足，造成了不必要的潜在风险。识别此类风险的方法有两种：第一种需要从源头抓起，提高股份制商业银行从业人员的整体素质，直接降低此类风险发生的可能性；第二种是及时发现企业经营过程中存在的问题，防止其偏离发展的轨道。

5.3.4 操作风险识别

随着移动通信技术的发展，4G 网络的广泛覆盖，互联网在提高效率和便捷性的同时也带来了一系列问题。在股份制商业银行互联网金融中，金融服务依赖于互联网技术，因此，客户被引诱登录假冒网站、登录免费 Wi-Fi 被盗取账号信息和密码、被诈骗操作转账业务的风险案件时有发生。面对互联网支付技术引起的操作风险，银行已采取部分措施来对操作风险进行识别，包括在手机端嵌入定制化网银系统，和设备厂合作对中高端客户提供定制终端等，更有甚者，组建专业团队对潜在风险点进行挖掘与深层分析，从整体系统方面提供识别和预防操作风险的改进措施。

5.3.5 信息技术风险识别

信息技术是发展互联网金融的关键，为其安全高效的运行提供技术支撑。但是就目前我国互联网产业的发展情况来看，与欧美等国存在的技术差距短时间内依然无法弥补，由于缺少互联网核心技术，导致我国金融系统存在安全隐患[147]。一旦互联网的软硬件过于落后，系统漏洞过多，将会十分容易受到黑客和木马病毒的攻击，从而丢失大量数据，造成不可估量的损失。因此，对于信息技术风险识别的标准主要包括设备的优劣以及自我掌握程度，衡量的标准可以参照发达国家设定的标准，及时更新系统，提高信息安全性。

5.3.6 声誉风险识别

传统金融市场较互联网金融市场更为成熟，相关政策措施配套也比较健全，所以抵御市场风险的能力也更强。而互联网金融市场目前并不成熟，受到外界影响的可能性更大，并且抵御风险的能力也不足，一旦出现负面案例将对股份制商业银行造成巨大影响，产生严重的声誉风险。互联网金融市场风险识别主要参照传统金融市场，同样受到利率、政策、股票等影响。因此，对于此类风险识别的关键是能够准确把握市场变化规律，提前预测经济发展走势，提前采取措施应对风险。

5.4 本章小结

本章首先分析了股份制商业银行互联网金融与传统金融共同存在的风险，包括政策法规风险、信用风险、经营风险，此外，还有互联网金融特有的操作风险、信息技术风险、声誉风险。然后，在股份制商业银行互联网金融层面上，分别根据各类风险产生的特征提出了风险识别的方法，以便在风险的源头对其进行控制，减少股份制商业银行互联网金融风险的产生。准确识别股份制商业银行互联网金融风险产生的特征，是成功防范和减少风险的前提条件，也是进一步控制风险传导对其他经济活动影响的根本途径，可为后续建立股份制商业银行互联网金融的分级预警机制提供依据。

6 股份制商业银行互联网金融风险评估

股份制商业银行互联网金融是互联网技术和传统金融的结合，它具备传统金融与互联网的双重风险特点。本章在经济学需求-供给理论分析的风险产生机理和博弈优选结论的基础上，对股份制商业银行互联网金融风险进行评估。一方面，股份制商业银行互联网金融模式具有多样性，不同模式之间既有相似之处又有差异性，其风险指标体系也有所不同，难以用一种模型对所有模式进行风险评估。另一方面，由于互联网金融模式之间存在共性，因此对一种模式的风险评估方法能够推及其他模式。在本书中，选取浦发银行互联网金融消费贷款与小微企业贷款两个板块的数据对模型进行风险评估的实证分析。浦发银行率先构建互联网金融全局平台，在发展互联网金融方面具有代表性，加之互联网金融消费贷款与小微企业贷款业务近年来发展迅速，已暴露出一系列问题，因此具有借鉴意义。本章运用机器算法中的 Logistic 回归模型和 BP 神经网络模型，针对消费贷款与小微企业贷款业务特点选取风险评估指标，构建模型，进行实证分析，为后续风险预警与控制打下基础。

6.1 股份制商业银行互联网金融消费贷款与小微企业贷款分析

浦发银行为迎合当今互联网时代风潮，于2017年7月创新提出浦发银行在线互联网平台，并将其命名为“spdb+”。“spdb+”是一种集团统一型的网络金融服务平台，其特性体现在将浦发银行集团内的基金、信托、银行等各类资源逐步串联整合，见图6.1。

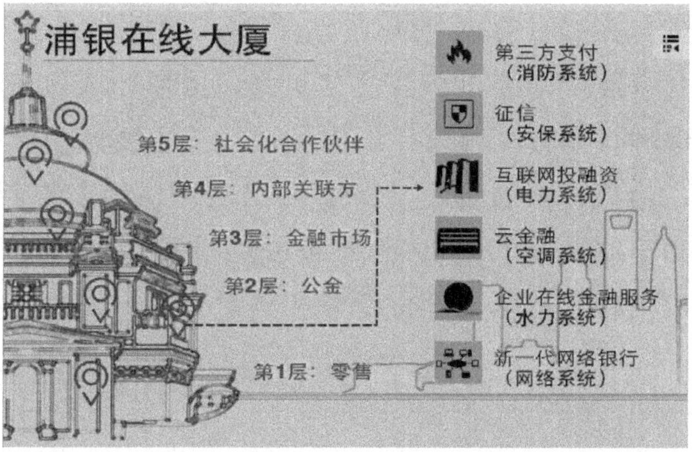

图6.1 浦发银行互联网金融服务平台

目前，“spdb+”已完成嵌入浦发银行零售板块，针对不同零售业务进行了特殊的改造。一方面在业务渠道上，浦发银行利用互联网技术设立了微信、手机、网上及直销银行等线上服务入口。另一方面在产品上，浦发银行推出了多项即时、特色、便捷产品服务，且产品服务涵盖支付、理财、融资等各个方面，形成系列产品[148]。直销银行能够满足客户任何时间、任何地点的开户需求。根据个人客户的不同消费需求实施差别化定制，利用“浦银点贷”这一创新方式，实现网络自助办理业务，使申请、审批、授信等全流程业务都做到实时完成，并开拓与外部互联网企业的合作，将“浦银点贷”运用到更广范围的互联网消费支付中。在经营性贷款相关服务中，浦发银行利用小微企业经营数据开发“浦银快贷”业务，同样使互联网技术贯穿于贷款申请、审查、授信等各环节，提高整个流程的效率。对于客户服务，在线客户与银行线上和线下渠道都实现紧密对接，及时反映客户诉求。在对公服务上也逐步实施网络化，连接手机银行、银企直连和网上银行，使电子渠道更加畅通。完善国际结算、保理、票据、理财、国内信用证等主要产品服务，迎合国际化趋势，拓展国际业务，推出全球供应链金融服务、跨境联动金融服务、集中收付款和集团资金管理等服务方案。浦发银行互联网金融贷款业务种类见表6.1。

表6.1　浦发银行互联网金融消费贷款和小微企业贷款产品汇总

板块	类别	产品
消费贷款	购房类贷款	个人购房贷款
	消费类贷款	精英贷、好房贷、消贷易
	网络融资类	浦银点贷、浦银快贷、安居贷
	出国类贷款	出国金融贷款
	私银专属类	私银专属投资账户贷款
	社区专属类	易家贷
	购车类贷款	汽车消费贷款
	贷款延伸服务	个人综合授信、二手房保付通、多样性还款

续表

板块	类别	产品
小微企业贷款	有资产贷款	房抵快贷、易贷多、商业用房贷款、工业用房贷款、中期贷、个人保证金授信、个人股权质押贷款、汇理财质押授信
	有流水贷款	浦银快贷-POS贷、账款贷、结算贷
	有信用贷款	千人千户信用贷、小额信用贷、网络循环贷、积分贷、组合贷
	双创培育库	投资贷、股权贷、投联贷、税收贷、成长贷、孵化贷
	增值服务	小微续贷业务、存贷赢、创业卡

在风险评估和风险控制方面，随着互联网金融的发展，现有的风险管理系统虽然在不断更新，但是仍不能满足互联网金融发展的需要。互联网金融具有双重性，不仅传统风险在互联网技术下发生了新变化，而且出现了新的风险类别，因此需要使用机器算法、人工智能等新的方法和技术手段构建适合股份制商业银行互联网金融的风险评估模型，在指标选取方面则要考虑数据信息的多样性和全面性，满足互联网金融创新发展的需要。浦发银行提出利用大数据技术建立风险控制系统，使客户的异常交易情境和行为可被互联网技术准确诊断，大数据技术甚至能提出针对性处理意见，建立预防性质的反欺诈程序模型应用到各互联网金融交易场景中，支付网关、微信银行、网上银行等各类在线电子金融渠道都被覆盖。风控系统深度挖掘用户特征，从而提高对欺诈行为的预警及拦截，保障用户的资金安全，不仅提高了风险控制的即时性，还能提高精准度。此外，浦发银行还与各平台、同业加强交流合作、共享风险信息

补充数据库，在持续交流和沟通中提高金融安全监控的安全系数，快速、准确地拦截和控制各类风险。

基于以上原因，有别于以往传统的风险评估方法，本书运用机器算法中的 Logistic 回归、BP 神经网络来构建股份制商业银行互联网金融风险评估模型，并用浦发银行实际数据进行实证分析，验证模型的有效性和稳定性，为后续风险分级预警提供依据。

6.2 股份制商业银行互联网金融消费贷款风险评估

6.2.1 互联网金融消费贷款风险评估指标体系的构建

通过查阅我国相关文献，现代信用风险是影响股份制商业银行互联网金融风险的主要因素，它主要是指因融资方违约或其履约能力和信用等级变化而可能导致的损失。结合国外相关文献[149-153]，根据股份制商业银行实际情况，本书选取了 5 个方面的 24 个指标作为解释变量，对互联网金融消费贷款风险进行评估。风险评估指标中不仅包含了年龄、性别、学历、工作年限、收入情况、是否有房产和房贷等传统指标，还参考了国内人人贷、拍拍贷，以及国外 ZestFinance 等用大数据做风控的 P2P 平台的指标设置，选取了申请贷款笔数、成功贷款次数、还清贷款笔数、以往贷款逾期次数、以往贷款逾期金额等行为数据类非传统指标。选取的指标见表 6.2。本书中根据该笔贷款是否发生违约以及违约金额影响是否重大两方面进行风险评估，将评估结果分为低风险、中风险、高风险。通过整理数据，1 000 个样本数据中低风险、中风险、高风险样本数分别为662、130、208。

表 6.2 消费贷款评估指标说明及度量

指标类别	指标名称	变量定义
个人特征	年龄	30 岁及以下为 0，30～45 岁（含）为 1，45 岁以上为 2
	性别	女为 0，男为 1
	婚姻状况	其他为 0，已婚为 1
	学历	高中或以下为 0，大专为 1，本科为 2，研究生或以上为 3
工作	月收入	5 000 元及以下为 0，5 000～10 000 元（含）为 1，10 000～20 000 元（含）为 2，20 000 元以上为 3
	行业	除政府机关、事业单位为 0 外，其他为 1
	单位规模	10 人及以下为 0，10～100 人（含）为 1，100 人以上为 2
	职位	个体户为 0，一般职员为 1，管理人员为 2
	工作年限	3 年及以下为 0，3～5 年（含）为 1，5 年以上为 2
	城市级别	一线城市（北京、上海、广州、深圳）为 0，新一线城市为 1，二线和三线城市为 2，三线以下城市为 3
资产负债	经济区域	东部为 0，中部为 1，西部为 2
	房产	无房产为 0，有房产为 1
	车产	无车产为 0，有车产为 1
	是否有贷款	无贷款为 0，有贷款为 1

续表

指标类别	指标名称	变量定义
信贷历史	申请贷款笔数	未申请过为0，申请过为1
	成功贷款次数	未成功贷款过为0，成功贷款过为1
	还清贷款笔数	没有为0，1次（含）以上为1
	以往贷款逾期次数	以往无逾期为0，逾期1～3次（含）为1，逾期3～10次（含）为2，逾期10次以上为3
	以往贷款逾期金额	无逾期金额为0，逾期1～3 000元（含）为1，逾期3 000～10 000元（含）为2，逾期10 000元以上为3
	以往贷款逾期金额占总贷款比重	30%以下为0，30%～70%为1，70%以上为2
贷款情况	贷款类别	个人消费贷款为0，个人经营性贷款为1
	贷款用途	购车购房为0，装修为1，日常消费为2，资金周转为3，扩大生产经营以及购买货物原料为4
	贷款金额	1万元（含）及以下为0，1～5万元（含）为1，5～10万元（含）为2，10万元以上为3
	还款期限	1年（含）以下为0，1～2年（含）为1，2年以上为2

6.2.2 互联网金融消费贷款风险评估模型的构建

首先运用不同的方法对内、外部原始数据进行采集，包括用户数据、交易数据、行为数据、文本数据、其他数据；然后对原始数据进行数据清洗等一系列的预处理，使原始数据格式规范统一；接着将处理后的数据按照“七三”原则，对训练样本和测试样本进行随机抽取，其中，训练样本占70%，测试样本占30%。首先将训练样本的数据导入BP神经网络模型，通过对输入层和输出层选取不同的函数，以及调整隐含层的节点数，来优化模型，提高机器学习的准确性。然后将测试样本的数据导入经过训练的BP神经网络模型，通过对比预期输出结果与实际结果，验证所构建的评估模型的准确性。最后根据测试样本的运行结果，对股份制商业银行互联网金融风险进行分级预警。具体流程见图6.2。

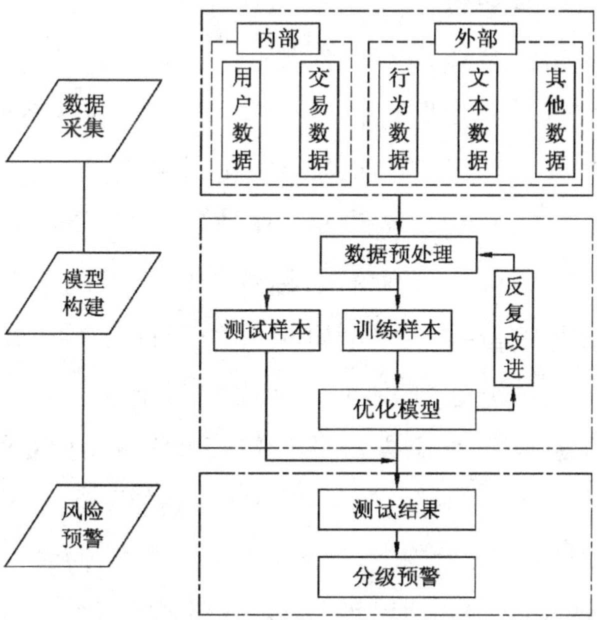

图6.2 股份制商业银行互联网金融风险评估模型流程图

（1）数据来源及样本选取

本书样本数据来源于浦发银行数据库。目前浦发银行将大数据分析运用到网络融资方面，依托大数据分析技术，通过分析客户的基本信息、交易信息，结合客户的征信信息及其他信息，对客户还款行为进行风险评估预测。本书从该行2017年1月至5月末的数据中随机抽选1 000个网络贷款数据作为样本数据，涵盖了点即贷、与银联商务合作推出的POS贷、融资易网络消费贷款等线上产品的相关数据[154-156]。

（2）输入节点的选择

根据Kolmogorov定理，经充分学习的三层BP网络可以很好地拟合其他函数，因此本书建立以包含输入层、隐含层和输出层的BP神经网络为基础的风险评估模型。本书用SPSS 19的多层感知器构建三层BP神经网络预警模型。

为了使利用BP神经网络建立的股份制商业银行互联网金融风险预警模型能够良好拟合模拟，应把全面描述股份制商业银行互联网金融风险的指标作为输入节点。从而，不同的股份制商业银行互联网金融风险的指标体系可以对应不同的网络模型，最终达到输入节点数对应于风险指标数的一种理想情况。根据前面建立的股份制商业银行互联网金融风险评估指标体系，股份制商业银行的互联网金融风险评估由24个指标构成，因此输入点为24个。为了使评级指标能够更有效地融入BP神经网络，这里对相关评级指标进行量化，具体量化结果见表6.1。

根据对指标属性的分析，输入指标又分为定量指标和定性指标。如融资方的年龄、学历程度、工作年限、月收入、单位规模、职位、工作城市级别、城市所在经济区域、逾期金额、逾期次数、逾期金额占贷款总额百分比、贷款用途、贷款金额、贷款期限都是指标定量化的；而融资方性别、婚姻状况、是否为事业单位、有无房产、有无车产、目前有无贷款、以往是否申请过贷款、以往是否成功申请贷款、以往有无还清贷款、目前贷款类别等因素是数字标量化的。对于指标定量化的因素，选用专家打分法。

（3）输出节点的确定

根据上面的论述，输出的结果即对股份制商业银行互联网金融消费代款个人客户单笔贷款风险的测度。为了便于统计测度结果，也为了便于结果的输出，低风险结果赋值 0，中风险结果赋值 1，高风险结果赋值 2。

（4）隐含层节点数的选择

关于隐含层节点数的选择，目前尚未形成一致的说法，大多数研究人员的做法是根据经验公式来计算隐含层节点的个数范围，然后通过逐步实验法，根据训练结果得到的训练误差和训练次数来确认最优的节点数量。本书选取经验公式：

$$y = \sqrt{n + m} + a \tag{6.1}$$

式中：n 代表输入的神经元个数，m 代表输出的节点个数，a 代表 1 ~ 10 之间的常数。本书模型中，输入层 n 对应 24 个自变量，即 24 个节点；输出层 m 为 1 个变量，即 1 个节点。由此可得隐含层节点数范围为 6 ~ 15。

一般情况下，问题复杂程度越高，隐含层的节点数就越多，因为隐含层的收敛程度与其节点数是呈正向关系的。然而，计算的工作量也会随着隐含层节点数的增多而增加，因此，过多的节点数会影响模型的效率[157]。综上，根据网络的大小及逐步试验法进行复合实证，得到结论：选取隐含层节点数为 13 时，训练样本预测准确率达到 100%。

（5）函数选取

传递函数，即激活函数，是 BP 神经网络的重要组成部分。SPSS 19 的神经网络工具箱中主要提供了四种形式的传递函数：恒等函数、双曲正切、Softmax、Sigmoid。通过以上形式函数，含两层计算单元的三层前馈网络可以逼近任意的多元非线性函数[158]。本书从输入层到隐含层的激活函数选择双曲正切，其函数格式为：$\gamma(c)=\tanh(c)=(ec-e-c)/(ec+e-c)$。必须使用实数自变量并将它们转换至范围（-1，1）。

从隐含层到输出层的激活函数选择 Sigmoid，其函数格式为：$\gamma(c)=1/(1+e-c)$。必须使用实数自变量并将它们转换至范围（0，1）。

6.2.3 互联网金融消费贷款风险评估实证结果

本书在训练网络时选择在线训练类型，优化算法选择梯度下降。互联网金融消费贷款风险评估模型训练样本和测试样本运行结果见表 6.3。

表 6.3 互联网金融消费贷款模型分类结果表

样本	实际	预测			
		0	1	2	准确率/%
训练	0	466	0	0	100
	1	0	83	0	100
	2	0	0	151	100
	总计百分比	66.6	11.9	21.6	100
测试	0	196	0	0	100
	1	1	43	3	91.5
	2	0	1	56	98.2
	总计百分比	65.7	14.7	19.7	98.3

BP 神经网络已经训练完成。在 700 个训练样本中，包含 466 个低风险样本、83 个中风险样本和 151 个高风险样本，所有样本均被准确地判断，预测准确率 100%，这证明由训练样本建立起的网络性能良好。

调用训练好的 BP 神经网络，输入 300 个测试样本，得到测试结果见表 6.3。从模型的测试样本准确度来看，在 196 个低风险样本中，所有样本均被准确评估，BP 神经网络模型对股份制商业银行互联网金融消费贷款低风险样本的预测准确率为 100%；在 47 个中风险样本中，被误判为低风险的有 1 例，被误判为高风险的有 3 例，BP 神经网络模型对中风险样本的风险评估预测准确率为 91.5%；在 57 个高风险样本中，有 1 例高风险样本被误判为中风险样本，其余 56 个高风险样本被准确地预测，BP 神经网络模型对高风险样本的预测准确率为 98.2%。BP 神经网络模型对整体测试样本风险评估预测的整体准确率为 98.3%，由此可见 BP

神经网络模型对股份制商业银行互联网金融消费贷款的风险评估预期结果与样本实际情况基本吻合，模型具有较高的准确度。这说明基于BP神经网络的股份制商业银行互联网金融风险评估模型具有良好的风险预测能力。由此证明了利用BP神经网络模型对股份制商业银行进行互联网金融风险评估模型的构建是合理的[159]。

利用ROC曲线可以直观地鉴别预测的优劣。在ROC曲线图中，AUC>0.5的情况下，ROC曲线下面积即AUC越接近于1，说明预测效果越好。当AUC在0.5～0.7时，说明预测结果有较低的准确性；当AUC在0.7～0.9时，说明预测结果有一定的准确性；当AUC在0.9以上时，说明预测结果有较高的准确性。

在股份制商业银行互联网金融消费贷款样本ROC曲线中，低风险样本（图6.3中用类别0表示）的AUC为1，说明股份制商业银行互联网金融消费贷款低风险样本的预测准

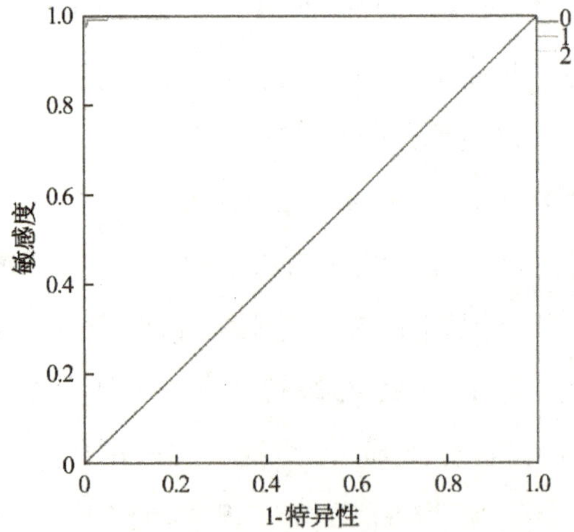

图6.3 股份制商业银行互联网金融消费贷款样本ROC曲线

确率很高；中风险样本（图 6.3 中用类别 1 表示）和高风险样本（图 6.3 中用类别 2 表示）的 AUC 均为 0.99，说明 BP 神经网络模型对中风险和高风险样本的预测准确度虽然不及对低风险样本的预测准确度，但是仍然具有较高的准确性[160, 161]。

图 6.4 为股份制商业银行互联网金融消费贷款观察预测箱形图，第一组箱形图中，第一个箱形图表示目标对象为低风险目标时的风险测度拟合概率（即预测拟概率），要说明的是，这里在 y 轴（即纵轴）0.5 标记之上的箱形图部分代表分类中显示的正确预测值，而在 0.5 标记以下的部分代表不正确预测值。所以无偏离样本的分类错误。

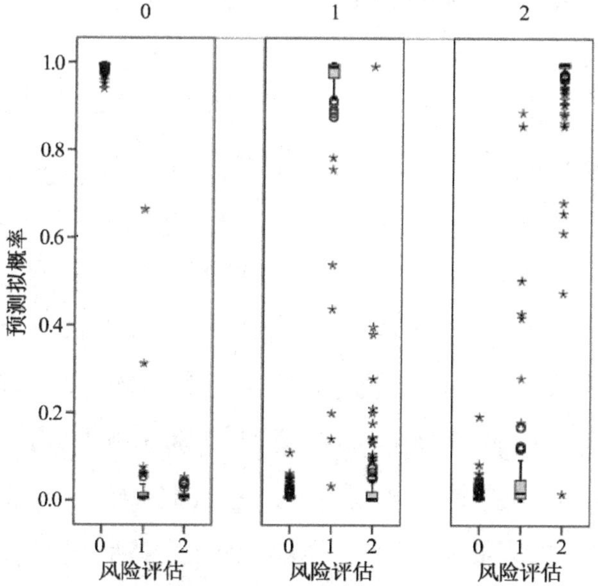

图 6.4 股份制商业银行互联网金融消费贷款观察预测箱形图

第二组箱形图显示的是对于中风险样本的预测拟概率。其中，第五个箱形图表示对于观察类别为中风险的样本，预测分类为中风险的预测拟概率。由图可见，大部分样本在 y 轴 0.5 标记之上，即大部分样本被正确分类，少部分样本被错误分类。此外，箱体下方的圆点显示超过四分位差 1.5 倍距离的样本数值，星号显示超过四分位差 3 倍距离的样本数值。

第三组箱形图显示的是对于高风险样本的预测拟概率。其中，第九个箱形图表示目标对象为低风险目标时的风险测度拟合概率，同样要说明的是，这里在 y 轴 0.5 标记之上的箱形图部分代表分类中显示的正确预测值，而在 0.5 标记以下的部分代表不正确预测值，观察图形可以发现箱形图上少部分样本被错误分类。

整体上，由箱体的长短可以看出，低风险样本相对集中，中风险和高风险样本相对分散，所以低风险样本预测正确性高于另外两类。

根据图 6.5 可以看出，在对风险因素的影响程度上，以往贷款逾期金额、以往贷款逾期金额占总贷款比重、以往贷款逾期次数这三个因素对风险评估的影响较大，应纳入贷款考察的重点。以往贷款逾期金额是特别影响股份制商业银行网络贷款的信用指标，影响程度达到 100%。其次是以往贷款逾期金额占总贷款比重，影响程度达到 49.1%。以往贷款逾期次数对信用指标的影响程度达到 23.1%。股份制商业银行应有针对性地对互联网金融消费贷款中重要的风险点进行有效规避，采取有力措施分散风险[162]。

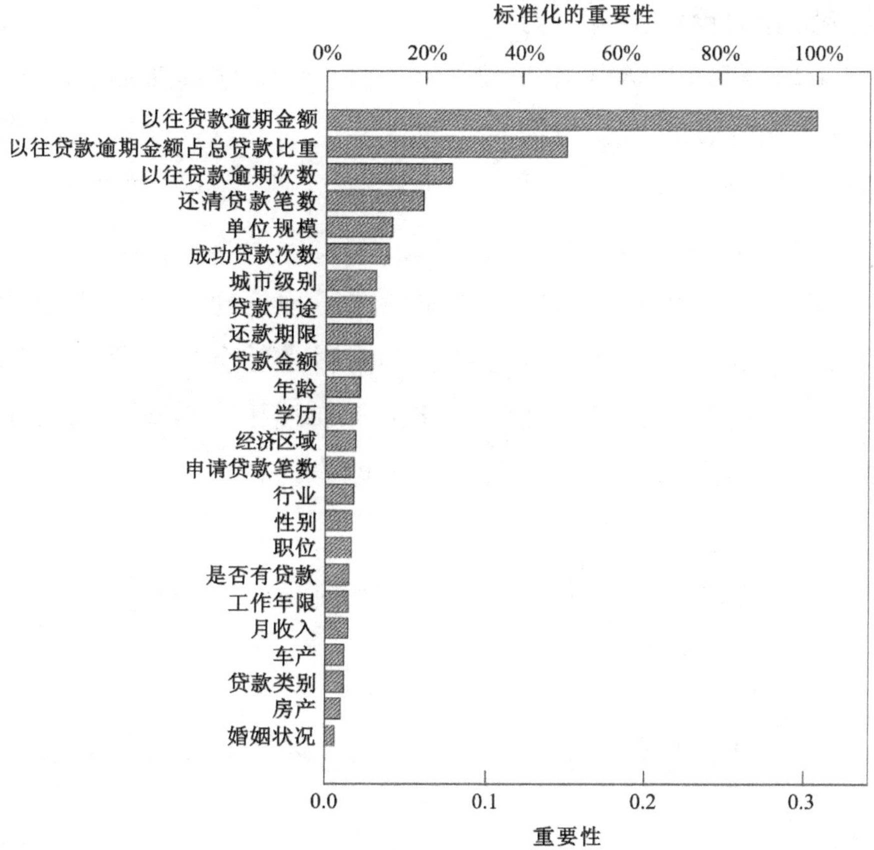

图 6.5 股份制商业银行互联网金融消费贷款影响因素重要性比较图

6.2.4 互联网金融消费贷款风险评估结论

本书在已有研究的基础上，利用股份制商业银行网络贷款的样本数据，通过构建 BP 神经网络模型，对互联网金融的风险进行了实证分析。通过模型结果，得出主要结论如下：

（1）从表 6.3 可以看出，不论是利用训练样本还是测试样本，模型的预测准确率都达到 98% 以上，说明该模型具有良好的预测预警能力。

（2）相对于人民银行征信系统的信息时效滞后性及信息量局限性，采用大数据挖掘技术构建的互联网金融风险预警模型涵盖信息更全面，且更具有时效性，可以在 0.01 秒内进行风险判别和预警，大大领先于传统效率。

通过实证研究，发现基于神经网络理论建立的股份制商业银行互联网金融风险预警模型具有科学性和可行性。它比一般的预警模型判别更清晰，评价更加直接、客观，为股份制商业银行发展互联网金融提供了可靠的科学依据。

6.3 股份制商业银行互联网金融小微企业贷款风险评估

6.3.1 互联网金融小微企业贷款风险评估指标体系的构建

研究数据来源于浦发银行江苏省分行 2017 年 12 月互联网金融小微企业贷款数据库。根据工业和信息化部、国家统计局、发展改革委、财政部制定的《中小企业划型标准规定》（工信部联企业〔2011〕300 号），从企业从业人员、营业收入、资产总额等指标，结合行业特点，借鉴浦发银行江苏省分行授信条例，对小微企业进行划型，确定本书的研究对象分类界定标准。根据浦发银行实际情况，本书选取小微企业宏观和微观方面的 18 个指标作为输入变量，对小微企业互联网贷款风险进行评估。宏观指标包括所属产业、所属行业、是否为科技型企业、是否为工业转型升级项目、是否为战略性新兴产业、是否为地方融资平台、是否为绿色信贷、城市级别、是否为农村区域贷款；微观指标包括小微企业控股权性质、信用等级、借款金额、借款期限、是否曾欠息、担保方式、担保方性质、贷款受托支付类型、以往贷款逾期或呆滞次数。风险评估指标说明及度量见表6.4。

表6.4　小微企业贷款评估指标说明及度量

指标类别	指标名称	指标定义
宏观	所属产业	第一产业为1、第二产业为2、第三产业为3
	所属行业	粗放型制造业为1，制造业（除粗放型）为2，批发零售业为3，其他行业为4
	是否为科技型企业	科技型企业为1，非科技型企业为0
	是否为工业转型升级项目	工业转型升级项目为1，非工业转型升级项目为0
	是否为战略性新兴产业	战略性新兴产业为1，非战略性新兴产业为0
	是否为地方融资平台	地方融资平台为1，非地方融资平台为0
	是否为绿色信贷	绿色信贷为1，非绿色信贷为0
	城市级别	一线城市为1，二线、三线城市为2，三线以下城市为3
	是否为农村区域贷款	农村区域贷款为1，非农村区域贷款为0

续表

指标类别	指标名称	指标定义
微观	控股权性质	民营企业为1，台资、港资、外资企业为2，国有和集体企业为3
	信用等级	AA－、A＋、A－、BBB、BB、B、C、D等20级
	借款金额	小微企业从股份制商业银行借得的金额
	借款期限	借款期限在1年内为1，2至3年为2，3年以上为3
	是否曾欠息	借款曾经欠息为1，未欠息为0
	担保方式	信用为1，保证为2，抵押质押为3
	担保方性质	企业保证为1，个人保证为2，信用方式为3
	贷款受托支付类型	全额受托支付为1，部分受托支付为2，自主支付为3
	以往贷款逾期或呆滞次数	无逾期为1，逾期3次以下为2，逾期3次以上为3

根据小微企业互联网贷款是否发生违约，将贷款样本分为高风险贷款样本与低风险贷款样本。本书共获取互联网金融小微企业贷款样本数据1 659组，对于样本数据中有缺省值的情况，将其整组样本数据进行删除，最终剩余样本数据1 648组，包含低风险样本数据1 532组、高风险样本数据116组。其中，萌芽期小微企业互联网金融贷款样本数据729组，含低风险样本667组、高风险样本62组；成长期小微企业互联网金融贷款样本数据666组，含低风险样本617组、高风险样本49组；成熟期小微企业互联网金融贷款样本数据253组，含低风险样本248组、高风险样本5组。按照“七三”原则，通过随机抽样的方法，将样本划

分为训练样本（占 70%）和测试样本（占 30%）。由此，获得萌芽期小微企业训练样本 510 组，测试样本 219 组；成长期小微企业训练样本 466 组，测试样本 200 组；成熟期小微企业训练样本 177 组，测试样本 76 组，见表 6.5。

表 6.5　互联网金融小微企业贷款样本统计表

小微企业生命阶段	总样本		训练样本（70%）		测试样本（30%）	
	数量	占比/%	数量	占比/%	数量	占比/%
总样本	1 648	100	1 154	100	494	100
无风险	1 532	93	1 072.9	93	459.1	93
有风险	116	7	80.7	7	35.3	7
萌芽期	729	100	510	100	219	100
无风险	667	91	467	92	200	91
有风险	62	9	43	8	19	9
成长期	666	100	466	100	200	100
无风险	617	93	432	93	185	93
有风险	49	7	34	7	15	7
成熟期	253	100	177	100	76	100
无风险	248	98	174	98	74	97
有风险	5	2	3	2	2	3

6.3.2 互联网金融小微企业贷款风险评估模型的构建

以 SPSS 19 软件为本书建模的载体，运用 Logistic 以及神经网络工具箱中的多层感知器开展建模工作。运用多层感知器神经网络模型的交互式功能，完成神经网络分析的建立、训练和测试等功能[163, 164]。

第一步，首先对各个变量的频数分布进行统计，实现对数据的直观认识。然后运用 SPSS 19 软件对训练样本中各个变量数据进行频度分析，发现定性变量中信用等级与担保方式的样本频数分布较为分散，所属行业及控股权性质的样本频数分布较为集中。限于篇幅，各个指标样本频数统计结果介绍从略。同时，对定量变量借款金额及借款期限进行归一化处理。

第二步，采用随机抽样将数据样本划分为训练样本（70%）与测试样本（30%）。本节单独讨论萌芽期小微企业互联网金融贷款。萌芽期小微企业互联网金融贷款样本中，训练样本 510 组，含无风险样本 467 组、风险样本 43 组。以该训练样本进行建模仿真的分析说明。运用 SPSS 19 中的 Logistic 对训练样本进行预测。将信用评估作为因变量，其余变量指标作为自变量导入 SPSS 19 中，方法选择全因子进入。保存 Logistic 回归模型初步预测值与预测概率，结果显示，Logistic 回归模型预测结果正确率为 97.9%（见表 6.6）。

第三步，将 Logistic 模型的预测结果与其余变量一起作为输入变量，运用神经网络进行模拟训练。训练的基本情况和参数设置如下设计：输入模型的变量为 19 个，输出的变量为 1 个。关于隐含层节点数的选择，大多数研究人员的做法是根据经验公式来计算隐含层节点的个数范围，然后通过实验法确定[165,166]。经验公式采用式（6.1），可得隐含层节点数范围为 4 ~ 14。

表 6.6 萌芽期小微企业互联网金融贷款样本的 Logistic 回归模型预测结果表

步骤	实际	预测		
		0	1	百分比校正/%
1	0	661	6	99.1
	1	13	49	79
	总计百分比			97.4
2	0	661	6	99.1
	1	13	49	79
	总计百分比			97.4
3	0	660	7	99
	1	9	53	85.5
	总计百分比			97.8
4	0	660	7	99
	1	8	54	87.1
	总计百分比			97.9
5	0	660	7	99
	1	8	54	87.1
	总计百分比			97.9

SPSS 19 的神经网络工具箱中主要提供了四种形式的传递函数：恒等函数、双曲正切、Softmax、Sigmoid。当神经元的输出函数为 Sigmoid 等函数时，三层前馈网络（含两层计算单元）可以逼近任意的多元非线性函数[167-169]。本书从输入层到隐含层的激活函数选择双曲正切，从隐含层到输出层的激活函数选择 Sigmoid[170, 171]。训练类型选择在线，优化算法为梯度下降。训练设置：最初学习率为 0.4，学习率的较低极限为 0.001，动能为 0.9，间隔中心点为 0，间

隔偏移量为±0.5。产生网络1，设置完成运行训练模型准确率为98.7%。

6.3.3 互联网金融小微企业贷款风险评估实证分析

(1) 萌芽期小微企业互联网金融贷款风险评估

运用网络1训练后的模型对219组萌芽期小微企业互联网金融样本数据进行测试，其中无风险样本200组、风险样本19组。在SPSS 19软件中导入测试样本，首先运用Logistic回归进行样本测试，然后将Logistic回归测试结果作为变量之一，与其他变量一起输入多层感知器神经网络进行样本测试。219组测试样本的组合模型预期输出结果与实际输出结果的对比情况见表6.7。

表6.7 萌芽期训练样本与测试样本预测结果统计表

步骤	实际	预测		
		0	1	准确率/%
训练	0	440	4	99.1
	1	2	31	93.9
	总计百分比	92.7	7.3	98.7
测试	0	200	0	100
	1	1	18	94.7
	总计百分比	91.8	8.2	99.5

当预期输出结果为1，此时测试样本为风险贷款样本；当预期输出结果为0，此时测试样本为无风险贷款样本。运用训练好的模型对测试样本进行调试，并作如下条件规定：若实际输出大于0.5，则认为该样本属于风险样本；若实际

输出小于0.5，则认为该样本属于无风险样本。

在测试样本中，第295组测试样本的预期输出结果低于0.5，虽然根据判断条件的规定，其为无风险样本，但其实际为风险样本，因此出现了误判。其余样本的预期输出分类均与实际情况相同。因此，无风险样本判断准确率为100%，风险样本判断准确率为94.7%，总体测试样本准确率为99.5%。高准确率证明，建立的萌芽期小微企业信用评估模型具有高度的可靠性和有效性[172]。

由图6.6a观测箱形图可以清楚地看出，大部分样本被正确分类，个别样本被错误分类。此外，箱体下方的圆点显示超过四分位差1.5倍距离的样本数值，星号显示超过四分位差3倍距离的样本数值。由箱体的长短可以看出，无风险样本相对集中，风险样本相对分散。所以无风险样本预测正确性高于风险样本。根据图6.6b萌芽期小微企业贷款ROC曲线得知，AUC为0.981，AUC在0.9以上时有较高准确性。可见，神经网络模型预测有极高的准确性。

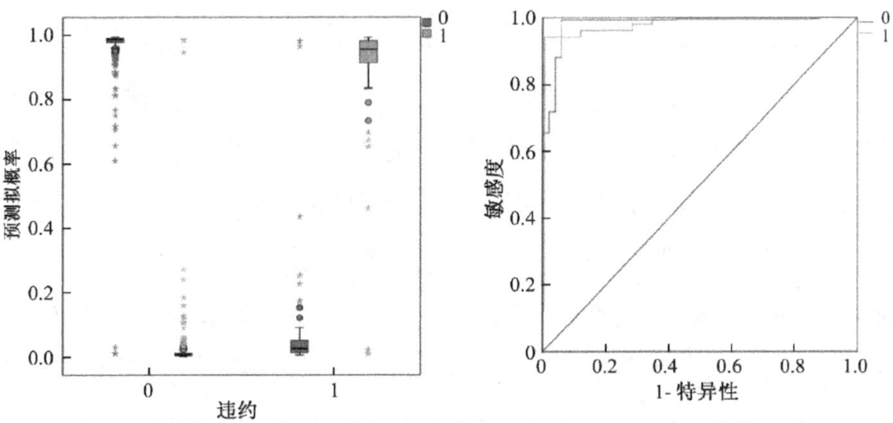

(a) 观测箱形图　　(b) ROC曲线

图6.6　萌芽期训练样本、测试样本观察预测箱形图与ROC曲线

（2）成长期小微企业互联网金融贷款风险评估

运用同样的方法及步骤，对成长期小微企业风险评估组合模型进行训练和测试。限于篇幅，实证的过程不再赘述。

训练样本数据为466组，其中无风险样本432组、风险样本34组。训练步数为60步，训练建立隐含节点3，建模结果在附录中呈现。测试样本数据为200组，其中无风险样本185组、风险样本15组。200组测试样本数据的预期输出结果与实际输出结果对比见表6.8。

表6.8 成长期训练样本与测试样本预测结果统计表

样本	实际	预测		
		0	1	准确率/%
训练	0	424	1	99.8
	1	1	33	97.1
	总计百分比	92.6	7.4	99.6
测试	0	185	0	100
	1	0	15	100
	总计百分比	92.5	7.5	100

在表6.8中，200组样本的预期输出结果与实际输出结果相同，测试准确率为100%，说明建立的成长期小微企业风险评估模型同样具有可靠性和有效性。

由图6.7a观测箱形图可以清楚地看出，成长期小微企业互联网金融贷款无风险样本相对集中，风险样本相对分散。所以无风险样本预测正确性高于风险样本。图6.7b成长期小微企业互联网金融贷款ROC曲线图中，AUC为0.997，高于0.9，证明神经网络模型预测有极高的准确性。

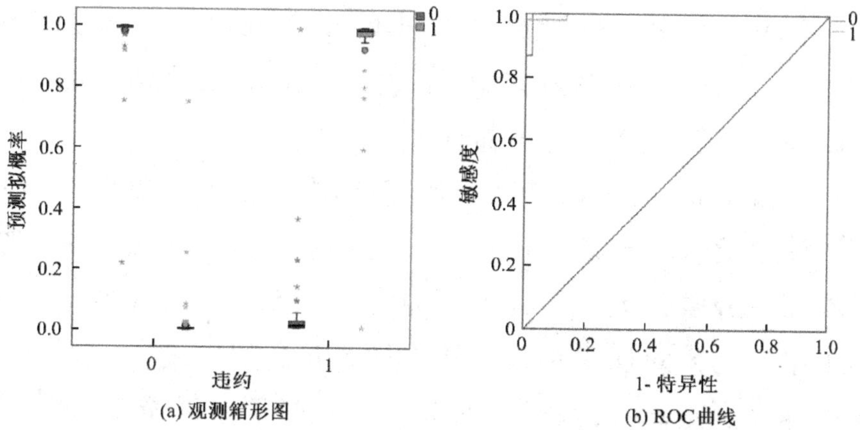

图 6.7 成长期训练样本、测试样本观察预测箱形图与 ROC 曲线

（3）成熟期小微企业互联网金融贷款风险评估

对成熟期小微企业风险评估组合模型进行训练和测试。训练样本数据为 177 组，其中无风险样本 174 组、风险样本 3 组。训练步数为 60 步，训练建立网络 6。测试样本数据为 76 组，其中无风险样本 74 组、风险样本 2 组。76 组测试样本数据的预期输出结果与实际输出结果对比见表 6.9。

表 6.9 成熟期训练样本与测试样本预测结果统计表

样本	实际	预测		
		0	1	准确率/%
训练	0	172	0	100
	1	0	3	100
	总计百分比	98.3	1.7	100
测试	0	74	0	100
	1	0	2	100
	总计百分比	97.4	2.6	100

在表6.9中，76组测试样本的预期输出结果与实际情况相同，测试准确率为100%，说明建立的成熟期小微企业风险评估模型同样具有可靠性和有效性。

由图6.8a成熟期小微企业互联网金融贷款观测箱形图可以清楚地看出，训练样本中，无风险样本相对集中，风险样本相对分散，无风险样本预测正确性高于风险样本；测试样本中，无风险样本和风险样本均有较高集中度，说明预测准确性高。图6.8b成熟期小微企业互联网金融贷款ROC曲线图的AUC为1，说明成熟期小微企业贷款预测有极高的准确性，且其训练样本和测试样本的准确性比萌芽期和成长期的更高。

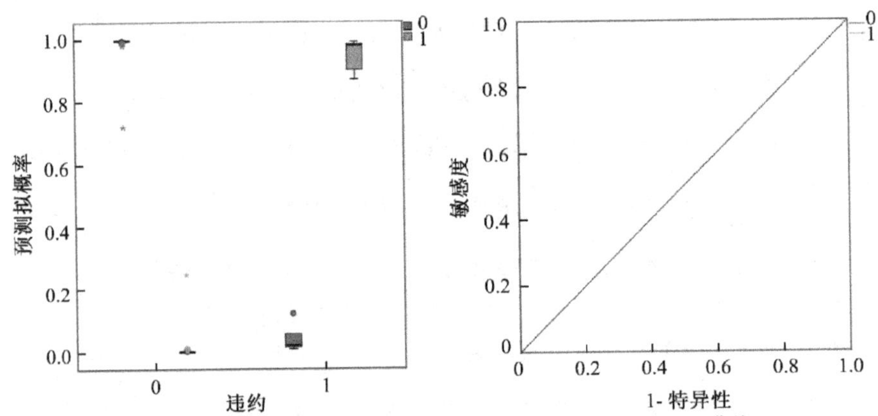

(a) 观测箱形图　(b) ROC曲线

图6.8　成熟期训练样本、测试样本观察预测箱形图与ROC曲线

（4）Logistic-BP神经网络模型与单一BP神经网络模型结果对比

将萌芽期、成长期、成熟期小微企业互联网金融贷款样本分别在单一BP神经网络模型下进行样本训练与测试，以得到结果进行对比分析，检验 Logistic-BP 神经网络模型的准确性与稳定性。单一 BP 神经网络模型的参数环境和关键设置：共 19 个输入变量和 1 个输出变量，隐含层设为 6 层，训练步数设为 100 步，训练误差设为 0.000 1，分别对萌芽期、成长期、成熟期的小微企业训练样本进行训练，再分别用训练好的神经网络模型对测试样本进行运行测试，测试结果见表 6.10。由测试结果可知，萌芽期小微企业 Logistic-BP 神经网络模型总体测试准确率为 99.5%，其中无风险贷款的测试准确率为 100%，风险贷款的测试准确率为 94.7%；成长期小微企业总体测试准确率为 100%，其中无风险贷款的测试准确率为 100%，风险贷款的测试准确率为 100%；成熟期小微企业总体测试准确率为 100%，其中无风险贷款的测试准确率为 100%，风险贷款的测试准确率为 100%。

表 6.10　Logistic-BP 神经网络模型与单一 BP 神经网络模型结果对比

生命周期	Logistic-BP 神经网络模型				单一 BP 神经网络模型			
	实际	预测			实际	预测		
		0	1	准确率/%		0	1	准确率/%
萌芽期	0	200	0	100	0	197	3	98.5
	1	1	18	94.7	1	1	18	94.7
	总计百分比	91.8	8.2	99.5	总计百分比	91.6	8.4	97.6
成长期	0	185	0	100	0	184	1	99.5
	1	0	15	100	1	1	16	94.1
	总计百分比	92.5	7.5	100	总计百分比	91.6	8.4	99

续表

生命周期	Logistic-BP 神经网络模型				单一 BP 神经网络模型			
	实际	预测			实际	预测		
		0	1	准确率/%		0	1	准确率/%
成熟期	0	74	0	100	0	74	0	98.8
	1	0	2	100	1	0	2	33.3
	总计百分比	97.4	2.6	100	总计百分比	98.3	1.7	97.7

将 Logistic-BP 神经网络模型的测试结果与单一 BP 神经网络模型的测试结果进行对比。从表 6.10 可以看出：① 对于萌芽期、成长期与成熟期小微企业互联网金融贷款样本，运用 Logistic-BP 神经网络模型得到的测试样本总体准确率分别为 99.5%、100%、100%，单一 BP 神经网络模型的总体样本测试准确率则分别为 97.6%、99%、97.7%，由此可见，对于三个阶段的小微企业互联网金融贷款，Logistic-BP 神经网络模型的测试结果准确率均高于单一 BP 神经网络模型的总体样本测试准确率[174]；② 将萌芽期、成长期与成熟期小微企业互联网金融贷款样本测试结果准确率进行纵向比较发现，Logistic-BP 神经网络模型对于萌芽期、成长期、成熟期的预测准确率依次上升，即 99.5% < 100% = 100%，这也说明，随着小微企业日趋成熟，各方面信息日益健全、盈利逐步稳定，对其进行风险评估也相对准确，进一步验证了处于萌芽期的小微企业风险高且风险难以准确预测的现状[175]。

定义第一类误判率指无风险贷款误判为风险贷款的比率；第二类误判率指风险贷款误判为无风险贷款的比率；风险贷款评估正确率指风险贷款被正确预测出来的比率。一般认为，第二类误判比第一类误判的风险成本高得多[176]，即相比于将无风险贷款误判为风险贷款，当股份制商业银行将潜在风险贷款误判为无风险贷款时对银行造成的损失更大。① 由表6.11可见，萌芽期、成长期、成熟期三个阶段小微企业单一BP神经网络模型的第二类误判率分别为4.3%、5.9%、0%，组合模型的第二类误判率分别为3%、0%、0%，Logistic-BP神经网络模型比单一BP神经网络模型的第二类误判率低，说明借助于Logistic-BP神经网络模型，股份制商业银行能够更加有效地降低第二类误判率，以便及时采取措施，减少潜在损失；② 运用组合模型对萌芽期、成长期、成熟期小微企业互联网金融贷款进行评估，得到风险贷款评估正确率分别为97%、100%、100%，基本高于单一BP神经网络模型的评估正确率95.7%、94.1%、100%。这说明组合模型在甄别风险贷款时具有更高的正确率，对银行贷前审查的帮助较单一BP神经网络模型更大；③ 将萌芽期、成长期、成熟期小微企业互联网金融贷款第二类误判率纵向比较发现，三个阶段第二类误判率呈现递减状态，即3%>0%=0%，说明随着小微企业日益成长，第二类误判率有所下降，银行能更加准确地对其风险进行评估。

表 6.11 Logistic-BP 神经网络模型与单一 BP 神经网络模型误判率对比

生命周期	模型	第一类误判率/%	第二类误判率/%	风险贷款评估正确率/%
萌芽期	组合模型	0	3	97
	单一模型	0.6	4.3	95.7
成长期	组合模型	0	0	100
	单一模型	0.5	5.9	94.1
成熟期	组合模型	0	0	100
	单一模型	0	0	100

此外，BP 神经网络模型生成训练的初始权值具有相当的随机性，训练中易陷入局部极小值，因此其仿真和测试的结果具有很强的不确定性，多次试验也表明，BP 神经网络仿真和测试结果并不一致。组合模型由于结合了 Logistic 回归与 BP 神经网络两者的优点，相比于单一 BP 神经网络，运行更加稳定精确，具有更好的测试效果。

6.3.4 互联网金融小微企业贷款风险评估结论

本书基于生命周期视角，结合 Logistic 回归模型与 BP 神经网络模型两种方法，构建了小微企业风险评估模型。运用组合模型分别对小微企业生命周期的萌芽期、成长期、成熟期三个阶段开展风险评估模型建立与测试。通过组合模型评估，以及与单一 BP 神经网络模型的预测结果进行对比发现，相比于单一 BP 神经网络，组合模型具有更加确定的建模过程和更好的测试效果，模型的总体正确率和稳定性更高，第二类误判率更低，意味着组合模型能够有效运用于小微企业不同生命周期的风险评估模型构建。此外，Logistic-BP神经网络模型能够实现评估上主观性与客观性的结合，因此可对数据进行定性调节和批量处理，具有明确的计算过程和决策规则，适用于风险评估研究。

从股份制商业银行角度来看，面对与日俱增和多源异构的小微企业风险评估关联数据，股份制商业银行急需通过机器学习技术对传统小微企业风险评估方法进行改进，在有效整合学习小微企业风险评估各类资料的基础上，实现对数据的分布信息存储、大规模并行处理、自学习、自组织和自适应，从而解决评估过程中存在的数据非正态分布、样本集大和非线性等问题。

从小微企业角度来看，考虑到小微企业数量众多，数据结构化程度低，信息的整理、安排、分析相对复杂，运用机器学习的方法有助于提高小微企业信息搜寻和处理能力，降低运营成本，对于解决金融机构与小微企业严重的信息不对称问题有重要的意义。因此，进一步深化神经网络在小微企业风险评估模型中的运用研究还有巨大的挖掘空间。

6.4　本章小结

浦发银行率先进行互联网金融布局，具有代表性和借鉴意义。由于消费贷款与小微企业贷款存在差异，因此风险评估指标的选取与模型的构建略有不同，但是两者的本质具有共同性，所以构建风险评估模型的总体思路一致。本章首先对浦发银行互联网金融平台进行了介绍，指出传统的风险评估方法对于互联网金融的风险测评具有局限性，亟须建立新的风险评估模型。然后运用机器算法中的 Logistic 回归模型与 BP 神经网络模型相结合的方法，对股份制商业银行互联网金融风险评估模型进行构建，随后结合生命周期理论，利用浦发银行互联网金融消费贷款与小微企业贷款的数据对个人客户和小微企业客户分别进行实证分析，为下一章风险控制的分析做铺垫。本章研究结论如下：

（1）对于消费贷款，使用 BP 神经网络构建风险评估模型。结果显示，不论是训练样本，还是测试样本，模型的预测准确率都达到 98% 以上，说明该模型具有良好的风险预测能力。相对于人民银行征信系统的信息时效滞后性及信息量局限性，融合了大数据的风险评估指标涵盖的信息更全面，且更具有时效性，可以在 0.01 秒内进行风险判别，大大领先于传统效率。总的来说，BP 神经网络模型在股份制商业银行互联网金融消费贷款的风险评估方面结果更准确，评价更加直接、客观，为后续风险预警提供了可靠的科学依据。

（2）对于小微企业贷款，由于与消费贷款有区别，其涵盖的信息量与信息的准确性也有所不同，尤其是处于萌芽期的小微企业，由于经营时间短，财务不健全，在生产等方面信息缺失，风险难以估量。因此，运用 Logistic 回归与 BP 神经网络两种模型，构建了互联网金融小微企业贷款风险评估模型，将小微企业贷款按企业生命周期划分为萌芽期、成长期、成熟期三个阶段进行风险评估。经对比发现，组合模型比单一模型具有更加确定的建模过程和更好的测试效果，模型的总体正确率和稳定性更高，第二类误判率更低，意味着组合模型能够有效运用于小微企业不同生命周期的风险评估模型构建。此外，组合模型能够实现评估主观性与客观性的耦合，可对数据进行定性调节和批量处理，且具有明确的计算过程和决策规则，适用于风险评估研究。

7 股份制商业银行互联网金融风险预警与控制

通过对股份制商业银行互联网金融风险管理存在问题、风险产生机理及风险识别的研究，发现股份制商业银行互联网金融的创新发展增加了金融的灵活性，但也带来很大的风险。本章在第6章对股份制商业银行互联网金融具有代表性的消费贷款和小微企业贷款进行风险评估和实证研究的基础上，提出股份制商业银行互联网金融要健康安全发展，就必须建立和完善风险预警系统和风险控制体系。依据风险的评估结果，将预警分为严重兼紧急、严重不紧急、不严重但紧急及不严重也不紧急四个观察类预警信号。根据预警信号的级别，处置的速度与方式可有较大差异。将风险预警的过程归结为如下流程：监测→预警→归因→处置→监督→预警解除或进一步处置→再监测。更深层次的是，结合互联网大数据的预警体系，能够将金融机构预警信号的获取范围从内部推向外部，从有限的公共记录推向无限的网络世界。股份制商业银行互联网金融风险预警的优势通常通过信息全面性和更新及时性这两点集中展现，通过优化股份制商业银行互联网金融风险调控，在大数据战略的基础上，全面应用大数据风险控制手段，探索目前内外部数据的关联性，制定合理的、可实现的建设目标，促进大数据在股份制商业银行互联网经营和风险管理中的全面应用。

7.1 构建股份制商业银行风险预警系统

风险预警是指通过信息收集和分析，对客户或资产的风险情况进行识别、衡量、分析，并采取适当应对措施以化解风险、减少损失的动态过程。存量客户管理在满足客户需求、提升客户价值的过程中还需要对单个客户风险水平和总体资产质量进行动态监测，并灵活调整客户管理策略。

风险预警并不以预警本身为目的，而是体现了主动监测风险、主动化解风险的管理策略。因此，风险预警的过程可以归结为如下流程：监测→预警→归因→处置→监督→预警解除或进一步处置→再监测。这是一个闭环过程，通过发现问题、解决问题的循环反复的过程，识别各环节新发生的或变严重的风险问题，并提出相应的解决方案，最终以该问题得到解决或控制为一个小循环的终点。整个流程中预警仅是触发风险处置措施的一环。有效的监测识别决定了预警的及时性和准确性，而归因分析则是采取适当的处置措施的必要前提[177]。

充分体现信息全面性和更新及时性是建立健全风险预警体系的关键。信息全面性分为两个层面：一是搜索范围的全面性，要求在对预警信号搜索的过程中既关注宏观整体性的业务结构和资产质量，又关注微观个体性的客户资质；二是风险识别对象的全面性，通过预警信号所反映的风险需尽可能包含所有银行业务范围内的全部风险类别。更新即时性同样分为两个层面：一是风险规避的及时性，预警信号需对潜在性风险和苗头性问题进行前瞻性、预见性的识别预警，在风险露头的初期就发现问题并借助针对性措施规避风险可能造成的损失；二是风险应对的及时性，一旦风险预警信号生效或风险事件发生，需充分重视并快速采取应对措施以减少风险造成的损失。

根据预警类型的不同，风险预警可分为资产组合预警和客户个案预警两大类。资产组合预警是预警信号的宏观体现，其含括范围较大，包括资产结构的集中度风险、资产组合在管理战略和风险偏好上的偏离性风险[178]。资产组合预警不关注信贷客户个体，而着眼于银行整体资产运营状况或某一业务的资产包质量。客户个案预警更倾向于对所有客户个体的风险承受能力进行监管与预警。客户个案预警和资产组合预警具有一定的相关性，客户个案预警的发生往往是其资产组合预警的前兆。

因此，在构建风险预警体系时要充分考虑客户个案预警系统和资产组合预警系统的联动性，这也是及时性在潜在风险挖掘方面的体现。可以认为资产层面的风险并不会毫无预兆地突发，准确来说是在客户个体风险积累下形成的由量变到质变的过程。而从风险发生到风险发现再到风险应对存在时间滞后性，尤其是在业务开展初期，业务量高速增长，风险集中爆发后扭转局势所需的业务结构调整和风险损失处置时间则要更长[179]。因此在对资产组合的结构和质量进行风险预警体系构建时需以识别风险前置信号为首要目标。在客户个案层面，风险预警的关键是及时反应。但是在信贷业务领域，客户个体数量庞大，客户行为复杂多变，仅仅依靠人工来进行数据的跟踪和识别工作，要从如此庞杂的数据、信息中识别并筛选出准确有效的预警信号显然难以完成，风险预警体系的建立需要以自动化的预警策略和智能化的IT系统为支撑，由此方可对风险预警作出快速反应[180]。

7.1.1 股份制商业银行分级预警机制

出于对风险情况复杂性的考虑，在有效的预警体系内，需要设计差异化的预警体系。所谓差异化是以识别预警信号的严重程度和所需的响应速度为基础，通过设置预警级别来实现，见表7.1。预警级别所要解决的问题是，告诉金融机构预警信号的严重程度，并明确需要处置事件的紧急程度。简单地说，就是将全部预警信号区分为严重兼紧急、严重不紧急、不严重但紧急以及可滞后处理的不严重也不紧急。

表7.1 分级预警表

预警级别	预警信号	预警含义
Ⅳ级	鲜红	严重兼紧急
Ⅲ级	暗红	严重不紧急
Ⅱ级	蓝色	不严重但紧急
Ⅰ级	绿色	不严重也不紧急

股份制商业银行互联网金融分级预警信号见图7.1。根据预警信号的级别，处置的速度与方式可有较大差异。无论对于哪种级别的预警信号均需做出相应的原因分析，找到发出预警的原因，但针对原因而采取的措施，可根据预警级别具体考虑其实施的范围和实施的速度。

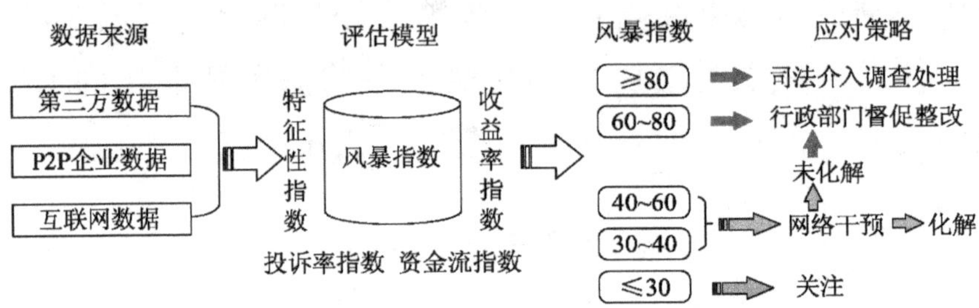

图7.1 股份制商业银行互联网金融分级预警及应对措施

分级预警需要以预警指标的有效设置为前提，即知道观测何种指标作出预警，依据何种指标衡量预警紧急程度和严重程度。在预警指标的选取上，要遵循全面、充分的设计原则，既要反映业务风险水平，又要体现出不同维度上的个性特征，并定期对预警指标进行检视。这些预警指标通常与预警阈值共同作用，预警阈值根据指标反映出的风险状况设置不同的等级，当指标突破某一预警阈值时就启动相应级别的差异化管理措施[181]。

7.1.2 互联网大数据预警机制

本书所述的互联网预警是指建立在互联网大数据基础上的预警体系，将金融机构预警信号的获取范围从内部推向了外部，从有限的公共记录推向了无限的网络世界。预警信号的信息全面更新在互联网预警体系中可以得到最大限度的实现。

互联网预警是传统预警体系向信息全面性发展的必然结果。通过分析客户在互联网上的行为，可以获取与其相关的更多风险分析素材，为金融机构风险预警提供依据，如在互联网上检索“不偿还银行贷款的后果”这一简单行为很可能预示着即将有一起风险事件要发生。当前，互联网和移动通信行业对金融业的嵌入程度越来越深，贷款业务和转账业务可以通过电脑和手机网络轻松完成，而在进行这些操作的同时，其行为亦被后台系统借由设备编码或入网编码所识别与分类，并存储于数据库之中，这也为后期互联网预警打下基础[182]。

借助互联网，金融机构可以更快更全地整合所需外部信息，包括违法乱纪行为、法院裁判被执行情况、历史缴税纳税记录、行业政策重大变更、个人网络负面言论、重要关联方负面新闻、借款者的网络搜索偏好、资金支付与结算能力等。即使是未查得任何信息本质上也是一种信息，因为在互联网高度嵌入日常生活的当下，这种异常性的销声匿迹极有可能预示着风险事件的出现。

但是，通过互联网搜集到的信息素材往往是分散化、碎片化的，要想有效利用这些信息必须对其进行加工处理。IT技术支撑下的互联网系统在拓宽了信息获取渠道的同时也提供了信息加工整合技术，这也使及时高效利用大量且多变的信息成为可能。

随着市场竞争的白热化，金融机构自身宏观预警信号的变动频率逐渐提高，更容易受到外部市场环境的重大影响。因此对宏观和微观层面风险预警的及时性具有更高的要求。区别于金融机构的内部数据库，互联网大数据库无论是从数据种类、数据数量还是更新频率方面都要远超前者。这种大量且快速更新的信息的输入，在某种程度上使金融机构的预警及时性得到了飞跃式的提升。借助于高效运行的互联网预警系统，客户的各种异常网络行为会在第一时间被后台系统所识别，并将该预警信号直接发送至对应的客户经理终端，客户经理接收到此信号后会采取相应处置措施，及时排除潜在风险。理论上，预警系统可以无缝地自动触发指定的风险管理动作，对任何潜在风险作出快速反应。

7.2 优化股份制商业银行互联网金融风险调控

7.2.1 依据风险严重程度分类处理

依据风险发生的概率及其影响程度，本书采用如图 7.2 所示的坐标法对风险严重程度进行分类。

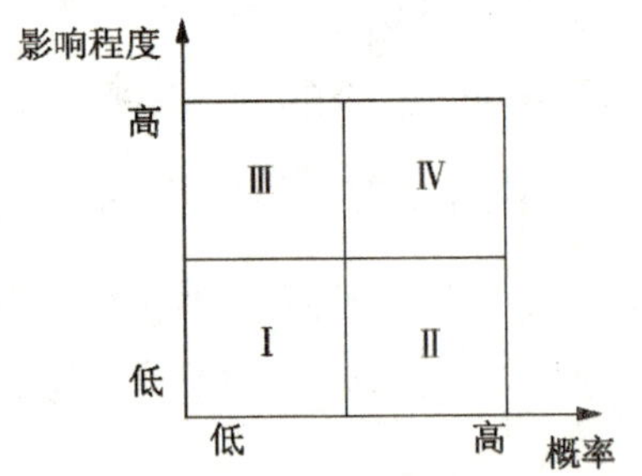

图 7.2 股份制商业银行互联网金融风险严重程度分类图

通过对不同风险区域的特征进行分析，根据不同的分类等级可以建立相应的风险控制策略，见表7.2。

表7.2　分区域风险控制策略表

风险区域	风险特征	风险控制策略
Ⅰ	影响程度低，概率低	定期对风险状态改变进行审查，一般情况下不增加风险防控措施
Ⅱ	影响程度低，概率高	采取不同风险控制方式以降低风险发生频率
Ⅲ	影响程度高，概率低	建立健全突发性应急预案以及风险降低措施
Ⅳ	影响程度高，概率高	采取分步化解风险影响及风险发生概率的方式，尽最大努力把风险降到最低，确保规避和转移各项风险且优先安排各项防控措施

7.2.2　平衡风险控制成本

内部风险控制的效率不能仅仅由风险控制收益或者风险发生的概率来衡量，而应该是收益、风险和成本的综合分析，内部风险控制就是要寻找这样一个控制均衡点，在这一均衡点下控制收益、风险和成本构成最优组合[183]。在风险控制不足之时，控制成本较低，但是相应的潜在风险则会过高；在风险控制过量之时，尽管潜在风险发生的概率得到很大程度的降低，但是风险控制所需的成本超过了不采取控制措施下会发生的损失，风险控制得不偿失。风险控制的效率由风险控制收益与风险控制成本的比值来决定，高效的风险管理应该是在风险水平的可接受范围之内且风险控制收益高于风险控制成本的状态。图 7.3 反映了风险控制收益、风险水平和风险控制成本之间的关系。

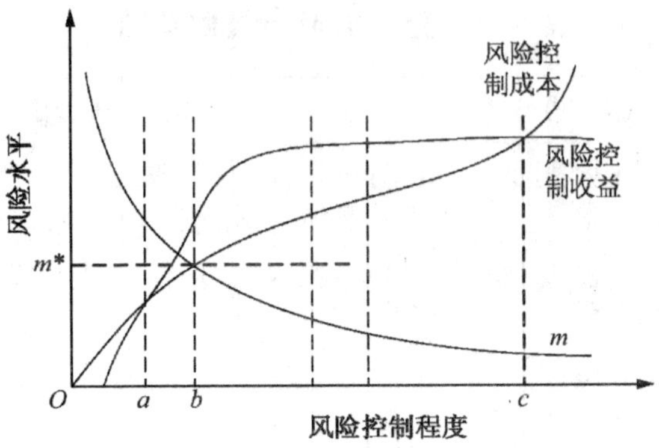

图 7.3　风险成本平衡图

通过对风险控制收益、风险控制成本和风险水平的综合比较，可以将风险控制区域划分为四大块：

区域 1（图 7.3 中 $O \sim a$ 阶段）为控制无效区。在该区域内，由于风险控制程度较低，此时风险水平远高于风险容限水平，且风险控制收益低于风险控制成本。风险控制的投入与产出无法实现平衡，在此区域内无法实现平衡成本和控制风险的双重目标，因此风险控制无效。

区域 2（图 7.3 中 $a \sim b$ 阶段）为较弱控制区。在该区域内，风险控制收益高于风险控制成本，但风险水平仍旧高于风险容限水平，平衡成本、控制风险的双重目标只达到了其中一个，风险控制程度相对较低，在此阶段通过提升风险控制程度可以向均衡状态接近以降低风险损失。

区域 3（图 7.3 中 $b \sim c$ 阶段）为合理控制区。在该区域内，风险控制已经相对健全，在风险控制收益高于风险控制成本的同时，风险水平也处于风险容限水平之下，实现了平衡成本和控制风险的双重目标。最优风险控制程度处于该区间之内，最优风险控制则是风险控制的边际收益和边际成本相等时的这一状态。

区域4（图7.3中c之后的阶段）为过度控制区。当风险控制的水平超过合理控制区域后，随着风险控制程度的提升，风险控制效率却开始回落，此时风险水平已无多少下降的空间，但风险控制成本却超过风险控制收益，并逐渐拉大两者间的差距。在风险控制达到合理区间后，继续提高风险控制的投入将起到反作用。

7.2.3 制订风险应急计划

制订风险应急计划的目的在于及时应对业务开展过程中的突发性风险，迅速控制风险的影响范围和影响程度[184]。股份制商业银行构建风险控制体系之时就需要制订相应的应急计划，根据可能存在潜在风险和可能严重威胁企业运营的重大情况制定针对性的应急措施，见图7.4。实施这些措施的对象不仅包括起指导作用的中央决策机构，还包括直接实施措施的下级分支和附属机构。同时，为了确保应急措施本身的可行性和实施过程的可操作性，股份制商业银行需要定期对风险应急计划进行调整与更新，再通过实际演练进行测试。

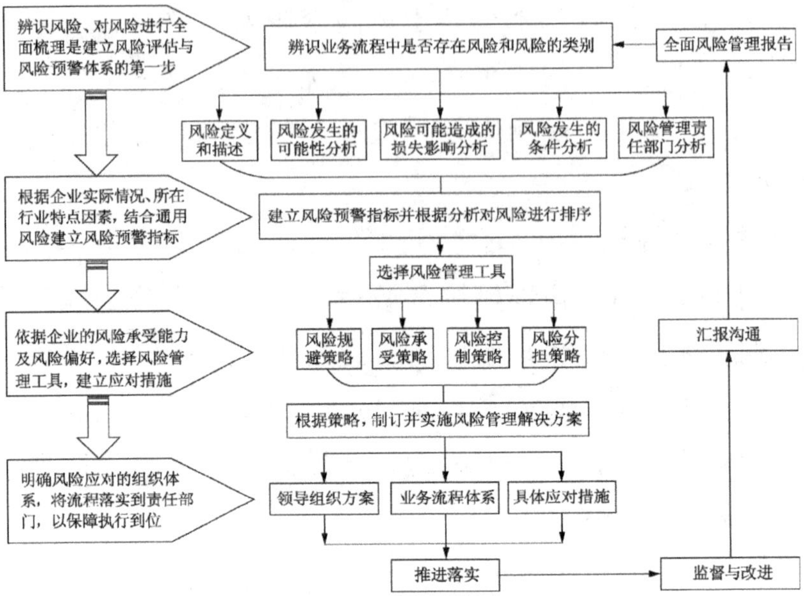

图 7.4 股份制商业银行互联网金融风险预警框架

7.3 全面应用大数据风险控制手段

互联网金融是互联网技术嵌入下的金融创新产品，仍属于金融产品的范畴，金融发展规律对其依旧适用。作为金融体系的基础，信用体系在互联网金融中处于举足轻重的地位，通过电商平台、社交媒体等互联网路径获取利用互联网大数据必须建立在信用信息可靠的基础上。因此，预防和控制互联网金融风险的重点是互联网金融信用体系的建设，在发展互联网金融前就着眼未来，以前瞻性、战略性的眼光建立起互联网金融信用体系，杜绝先发展互联网金融，后治理互联网金融信用问题。

构建互联网金融信用体系需要以我国互联网金融的发展现状为出发点，并基于用户信用建设体系，以全面的信用信息共享机制为基石，以强力的信用监管和有效的权利保护为重心，以严厉的失信惩罚措施为手段，实现全覆盖、高效率的风险控制。

7.3.1 加快建立和完善符合国情的互联网金融征信体系

互联网金融体系的发展重心是建立健全互联网金融信用体系，这需要相关部门统筹规划，在建立信用配套体系的基础上推动建设进度。国内外征信存在着差异，例如中美互联网金融发展环境与征信体系就有所不同（见表7.3）。中华人民共和国国务院已出台《征信业管理条例》来规范征信业活动，但这还远远不够，《征信业管理条例》仅仅是为我国社会信用体系提供了基本框架。需要以管理条例为基础，一方面深化互联网金融信用体系领域的理论研究；另一方面加强对互联网金融信用活动的监督与管理，推动多部门、多组织的合作与交流，加大对违法违规信用行为的惩罚力度，借助社会信用宣传教育提高全民社会信用意识，以此推进社会信用信息数据库的建立和完善。同时，协调各方关系，形成政府-人行-市场三位一体的互联网金融信用网络，充分发挥地方政府的引导和促进作用，以人行征信系统为基础，实现市场与政府及人行征信平台的对接，在市场需求的调节作用下建立符合国情的互联网金融征信体系。

表 7.3　国内外互联网金融发展环境与征信体系比较

指标	中国	美国	欧洲
居民储蓄率	30% ~ 50%	0% ~ 5%	10% ~ 15%
信用体系	各机构不统一，数据库不对接	市场主导，依需求建设数据库，竞争力强	央行主导，强制执行短期内可见效
信息征集	依赖线下，线上空白	线上线下均已完备，可影响全球信用评级	线上线下均已完备，可影响全球信用评级
利率市场化	刚刚起步	1986 年完成	1976 年德国率先完成
资源分布	以北上广为中心集中于沿海地区	比较平均	平均分布，但国家间差距正在逐步加大
人力成本	员工薪酬占企业收入的 10%	员工薪酬占企业收入的 23% ~ 35%	员工薪酬占企业收入的 20% ~ 25%
用户需求	旺盛	无刚性需求	一般

7.3.2　完善互联网金融信用信息标准和信息共享机制

金融主体之间存在信息流通壁障，阻碍了信用信息的共享，要想打破这层壁障实现互联网金融和传统金融信用体系的无缝对接，需要确立涵盖信用搜集、信息安全和分类管理在内的统一规范标准。由于互联网金融细分行业多、行业间差别大，由监管机构统一制定信息标准的难度大，难以实现。在信息规范标准建立之初可以鼓励互联网金融企业制定自身的标准，在行业发展成熟且验证了标准的可行性和适用性之后，将龙头企业的信息标准推广至整个网络金融子行业，以此建立互联网金融全行业信息标准。同时，允许符合要求的互联网金融企业与人行征信系统对接，在人行社会信用体系数据库的基础上建立互联网金融征信子数据库，一方面借助人行征信平台提升互联网金融公司对客户信用信息的获取，另一方面以互联网公司的客户信用行为数据丰富人行社会信用体系数据库，在最大范围内实现信用信息的共享和使用。

7.3.3 重视互联网金融信息安全监管和信息主体权益保护

与传统金融相比，互联网金融的信息安全问题更为突出与特殊。建立互联网金融信用体系更需要加大对网络信息安全的监督与管理力度，增强对信息主题权利的保护程度。一方面需要在推广互联网金融中对大数据、云计算技术的运用之下，明确信用信息采集形式、范围及利用的相关原则，打击以征信名义进行的非法信息收集活动；另一方面落实信息安全保护制度，全力推行以实名认证、网址认证、电子签名和数字证书为基础的安全等级认证机制，防止个人信息的泄露；此外完善纠纷处理与侵权追责的惩处体制，及时处理信息纠纷和投诉。

7.3.4 强化互联网金融失信行为惩戒

对信用失信行为的惩处为互联网金融信用体系提供了震慑作用，是建立互联网金融信用体系的重要环节。对互联网金融信用失信行为的惩处包括行政处罚、司法裁决和市场化惩戒三种，其中市场化惩戒起主要作用，而行政处罚和司法裁决则起辅助作用。首先，以互联网金融信用失信记录为依据，建立失信人员黑名单，并在法律允许的范围内对外公布失信人员的失信行为以及他们的个人信息，方便以后对失信人员在从事金融交易时做出判断，提高他们业务的交易成本，封锁其在其他互联网金融和传统金融行业的融资渠道，充分利用市场的调节作用让其认识到失信的可怕。其次，在市场化惩戒措施不起作用的时候，拿起法律的武器，利用行政处罚和司法裁决措施，追究其民事或刑事责任，让其付出应有的代价。

股份制商业银行大数据风控战略的实施路径建议见图 7.5。在大数据战略基本明确的基础上，基于现有的平台和系统，探索目前内外部数据的关联性，制定合理的、可实现的建设目标，促进大数据在股份制商业银行互联网金融风险管理中的全面应用[186]。

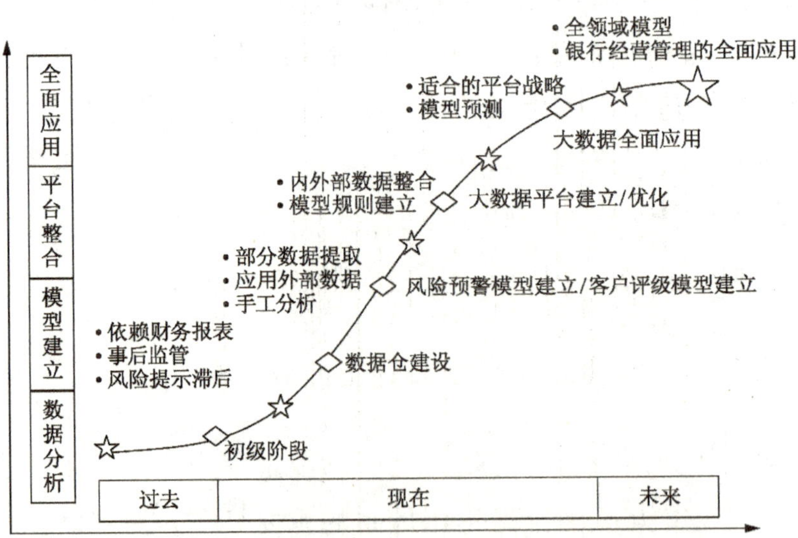

图 7.5　基于大数据的股份制商业银行风险管理战略

7.4　本章小结

结合本书之前对互联网金融风险影响的探究，即影响股份制商业银行互联网金融风险管理的因素以及这些因素的传导机制研究，在进行风险评估实证分析的基础上，认为应从以下三个方面对股份制商业银行互联网金融风险进行预警与控制：

首先，建立分级风险预警系统。根据风险评估的结果，将预警分为严重兼紧急、严重不紧急、不严重但紧急及可滞后处理的不严重也不紧急四个观察类预警信号。根据预警信号的级别，处置的速度与方式可有较大差异。将风险预警的过程归结为如下流程：监测→预警→归因→处置→监督→预警解除或进一步处置→再监测。更深层次的是，结合互联网大数据的预警体系，将金融机构预警信号的获取范围从内部推向了外部，从有限的公共记录推向了无限的网络世界。股份制商业银行互联网金融风险预警的优势通常通过信息全面性和更新及时性这两点集中展现。

其次，对于构建股份制商业银行的互联网金融风险管理体系从两个方面提出建议：一方面，从国家、行业以及银行自身三个层次建立多维度全方位的互联网金融风险管理体系；另一方面，银行作为个体，要结合自身的发展情况，建立全面的风险预警、风险识别、风险控制、风险监测等机制，做到事前监测、事中控制的内部风险预防和处理措施。

最后，从大数据征信的角度出发，对股份制商业银行互联网金融风险管理措施提出了相应建议。

8 研究结论与展望

金融创新与规范发展是2018年互联网金融的两大关键词。一方面，互联网金融和金融科技向纵深发展，大数据、云计算、区块链、生物识别、人工智能等领域的突破和创新层出不穷；另一方面，互联网金融野蛮生长阶段积聚的风险仍待化解，整顿和清理工作继续进行，相关监管政策和措施也陆续出台。在创新与规范、监管与发展间取得恰当的平衡确保互联网金融的健康有序发展，提升金融服务实体经济的效率和水平，是决策者、监管层和实务界共同关注的焦点。本书围绕“股份制商业银行互联网金融的风险管理”这一核心问题，首先从股份制商业银行互联网金融的风险影响因素出发，综合运用文献调查法、案例分析法、博弈论等方法，对我国股份制商业银行互联网金融的风险管理现状、影响机理、三方主体的博弈进行了讨论。其次，分析构建了Logistic回归和BP神经网络相结合的股份制商业银行互联网金融风险评估模型，提出了股份制商业银行互联网金融风险分级预警机制与应对风险的措施。然后，在此基础上构建了股份制商业银行互联网金融全面风险管理体系，并最终给出风险管理启示。本书的研究成果能为我国股份制商业银行互联网金融的风险管理提供一定的理论依据和建议启示。

8.1 研究结论

信息技术的快速发展带动了电子商务、移动支付的交易量和交易额呈几何级数变化，社会对互联网金融的需求也随之快速扩张。以互联网金融替代传统金融将成为大势所趋。对此，股份制商业银行已经有了一定的认识，越来越多的股份制商业银行希望能借此金融市场转型的契机，尽快扩大自身在互联网金融市场的占比。但股份制商业银行在拓展互联网金融的同时，所面临的互联网金融风险也不容忽视，其主要特征有：互联网金融产品风险扩散速度快，破坏力强，容易交叉传播且有较高隐蔽性；风险的责任通常难以区分，管控不及时；对互联网金融风险的监管难度较高。本研究基于股份制商业银行互联网金融风险的现状与趋势分析，采用理论研究、数值计算和模型试验相结合的方法，对股份制商业银行互联网金融风险管理进行了较为系统的研究，主要研究结论如下：

（1）揭示了股份制商业银行互联网金融风险的形成机理。分析了股份制商业银行互联网金融风险与传统金融风险的差异。基于博弈理论构建了政府、股份制商业银行、融资方三者之间的股份制商业银行互联网金融风险博弈模型，分别探寻了单次贷款、多次贷款下贷前申请阶段、贷后还款阶段博弈各方行为的动态过程，模拟不同行为选择得出了不同结果，揭示了股份制商业银行互联网金融风险的形成机理。

研究结果表明：在单次贷款申请阶段，融资方可能因为缺少资金来源而在面对高成本的贷款的情况下向股份制商业银行妥协，这将进一步加重其资金压力，从而带来金融风险，股份制商业银行贷款也会面临比较高的风险；在单次贷款归还阶段，股份制商业银行在对小微企业贷款设置高门槛而又缺少政府风险监管调控的情况下，小微企业需要花费更多的成本才能取得贷款，加上小微企业本身的风险因素，使得贷款收益与贷款成本不匹配，从而导致互联网金融风险提高；在多次贷款申请阶段，股份制商业银行的金融风险管理主要受政府管理部门和资金需求者行为的影响，任何一方成本的增加都不利于系统的良性演化，会导致股份制商业银行互联网金融风险形成。

（2）探讨了股份制商业银行互联网金融主要风险识别渠道。在文献调查以及案例分析的基础上，总结出股份制商业银行互联网金融的风险类别，同时，对股份制商业银行互联网金融风险进行了识别，为后续风险评估及建立分级预警机制提供依据。

研究结果表明：股份制商业银行互联网金融与传统金融行业有共同存在的风险，包括政策法规风险、信用风险、经营风险，还有互联网金融特有的操作风险、信息技术风险、声誉风险；在股份制商业银行互联网金融层面上，分别根据各类风险产生的特征提出了互联网金融风险识别的渠道。同时指出，在各类互联网金融风险中，最主要的风险是信用风险，其次是信息技术风险中的网络支付风险，政策法规风险和声誉风险相对较低。

（3）建立了股份制商业银行互联网金融风险评估体系。以浦发银行互联网金融消费贷款和小微企业贷款为例，对我国股份制商业银行互联网金融进行了风险评估。构建了基于Logistic回归与BP神经网络的风险评估模型。通过实证分析对模型的预测能力进行了检验，采用截至2017年12月31日的浦发银行互联网金融消费贷款和小微企业贷款数据作为实证研究的样本，验证模型的准确性与稳定性。

研究结果表明：对于互联网金融消费贷款，运用BP神经网络模型进行风险评估具有较高的准确性。对于互联网金融小微企业贷款，运用Logistic回归与BP神经网络相结合的组合模型对其生命周期的萌芽期、成长期、成熟期三个阶段开展风险评估测试。通过将组合模型评估结果与单一BP神经网络模型的预测结果进行对比发现，相比于单一BP神经网络模型，组合模型具有更加确定的建模过程和更好的测试效果，模型的总体正确率和稳定性更高，第二类误判率更低，意味着组合模型能够有效运用于小微企业不同生命周期的风险评估。

（4）构建了股份制商业银行互联网金融全面风险管理框架体系。根据股份制商业银行进行风险管理的需要构建了内部风险控制模型，重点陈述了其风险识别及风险评估问题，进而构建了股份制商业银行互联网金融风险控制的框架，基于控制股份制商业银行内部风险的实际情况提出可引入大数据这一创新性的管理思想，并从多个角度论证了大数据控制内部风险的可行性。

研究结果表明：依据风险的评估结果可以将预警分为严重兼紧急、严重不紧急、不严重但紧急及不严重也不紧急四个观察类预警信号；根据预警信号的级别，处置的速度与方式可有较大差异。风险预警的过程可以归结为如下流程：监测→预警→归因→处置→监督→预警解除或进一步处置→再监测；结合互联网大数据的预警体系，将金融机构预警信号的获取范围从内部推向了外部，从有限的公共记录推向了无限的网络世界；股份制商业银行互联网金融风险预警的优势通常通过信息全面性和更新及时性这两点集中展现。因此要优化股份制商业银行互联网金融风险调控，在大数据战略的基础上，全面应用大数据风险控制手段，探索目前内外部数据的关联性，制定合理的、可实现的建设目标，促进大数据在股份制商业银行互联网经营和风险管理中的全面应用。

8.2 管理启示

股份制商业银行互联网金融的发展离不开国家对电子商务发展的保护和支持。从国外发达国家（地区）发展互联网金融的经验看，许多政府为规范和保护电子支付、互联网金融的健康稳健发展，都从立法、设立机构、制定规则和标准、统一行动等各项措施入手，采取了卓有成效的措施来规范、鼓励和保护互联网金融的发展。可以借鉴发达国家（地区）发展互联网金融已取得的经验和做法，构建本国股份制商业银行互联网金融风险管理体系。

通过对股份制商业银行互联网金融风险管理现状和问题的分析，在对风险产生机理剖析的基础上，同时，考虑到政策滞后、行业监管缺位、银行内控不完善等因素，得到股份制商业银行互联网金融风险管理启示，即应当构建与股份制商业银行互联网金融相配套的全面风险管理体系，从宏观、中观、微观层次对股份制商业银行互联网金融进行全面管理（见图8.1）。

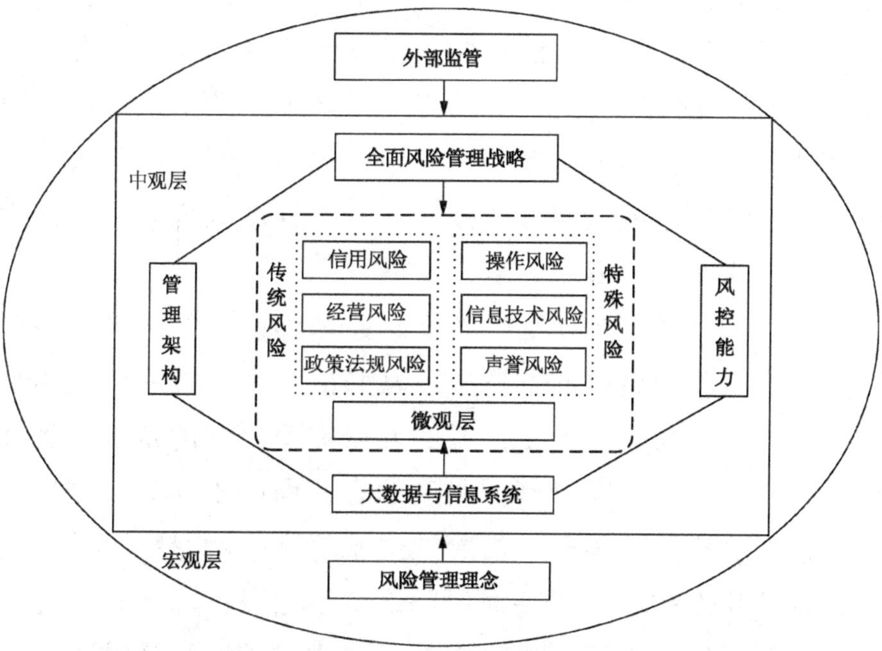

图8.1 股份制商业银行互联网金融全面风险管理体系框架

8.2.1 国家层面：完善政策，补齐短板

在国家层面，即宏观层面，要完善政策法规，即对互联网金融交易主体的信息安全、个人隐私、纠纷解决、权

利义务出台保障性政策，通过政策法规的制定来保证交易的成功达成。同时补齐短板，就是要对互联网金融交易的规范和发展提供基础设施的保证以及信息技术服务的支撑。

第一，国家应健全与完善互联网金融的相关政策法规。从宏观层面来看，由于电子商务的发展而带来了一系列风险，各个国家的政府都出台了相关政策来确保一个更安全、更公平、信息得到更充分保护的外部环境，同时通过立法，比如合同法、税收征管法、刑法、反不正当竞争法等等，来保证竞争的充分性。此外，随着互联网金融的快速发展，政府应进一步完善相关法律法规，内容包括对网银、手机银行中个人隐私的保护，相关业务的发展、管理规范等，从而促进我国互联网金融健康、繁荣发展。

第二，国家应充分重视电子商务基础设施的建设，将资源投入到互联网金融的发展中。互联网金融的发展以电子商务的发展为依托，而电子商务的发展需要良好的基础设施作为保障，基础设施是指其他类型的企业向电子商务转型所需要的基本的构架。因此，政府加强互联网金融基础设施的建设有以下几点措施：提高通信网络宽带服务的品质；建立完备的恢复系统，以预防突发事件；引进国外先进的技术风险防范设备，加大对国内技术风险防范的资源投入；加强银行网络信息系统的建设，这是互联网金融业发展的根基，需要政府和银行的共同努力，才能为其快速发展奠定扎实的基础，提供重要的平台。

8.2.2 行业层面：提高认识，有效约束

在行业监管层面，即中观层面，要提高认识。由于互联网金融跨界混业经营的属性，贯穿多层次的市场体系，具有金融业态多、创新速度快、风险复杂多样的特征，因而合理且完善的监管结构和体系必然对行业的规范化进程起到巨大的推动作用，互联网金融“双层次多头的监管主体、多层次的监管体系+行业自律体系”的结构已然成型（见图8.2）。另外，互联网金融信息服务对资金安全及投融资决策有较大推动作用，因此国家网信办应对监管对象进行有效约束，既防范金融风险，又不因为过度约束阻碍互联网金融的发展，这样才更加有利于金融市场的稳定。

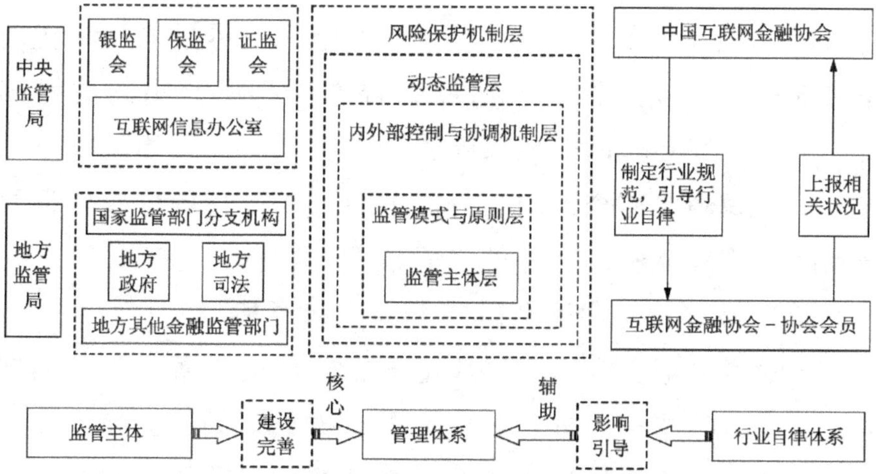

图8.2 多层次互联网金融风险监管体系

行业监管部门需对互联网金融风险管理体系的建设制定统一的技术标准，对其业务流程提出规范要求。比如，针对

网银系统的安全性制定统一的规范，限制业务的准入和变更，尤其是外包和跨境业务，明确法律责任归属。此外，银行业监管部门应针对互联网金融系统中风险的特殊性质，制定相关安全评估制度，定期进行评估，从而降低风险。

从发达国家建设互联网金融的基础设施资源投入和法律法规的制定来看，其实施的主体是银行监管当局，这其实是从行业层面构建互联网金融风险管理体系，因此借鉴国外对互联网金融监管的相关措施具备一定意义，具体如下：

（1）构建有关互联网金融风险管理的量化指标

国外发达国家金融监管机构普遍已经形成较为完善的监管评估程序，合理制定风险指标，特别是将互联网金融纳入其中。基于此，国内相关监管机构也应基于评价互联网金融风险的需要构建健全的指标体系，另外，为了更为准确地评估包括技术风险在内的互联网金融风险，应尽量采用量化的评估方式。在设置指标方面可结合本研究所提出的关键因素，确实把好互联网金融风险管理关，适当加大相关因素的权重，合理确定综合评级得分。最后，以银行得分为依据综合判断其管理互联网金融的实际情况。

（2）做好对互联网金融安全的全面评估

互联网金融安全的重要性是毋庸置疑的，所以除了需要考虑上述风险指标之外，还应充分考虑如下问题：建设完善的内控制度；安全策略；安全性的系统；风险管理状况；基于互联网金融而制订的应急计划；预警体系；安全管理机制；改善安全评估中所发现的问题；等等。做好安全评估需要综合考虑各要素，尤其是应结合需要制订翔实的评估方案。客观来说只有确保安全评估方案的有效性，监管当局才能通过定期安全评估做到防范互联网金融风险，及时洞悉其安全风险状况等。这对于整个互联网金融的发展弥足重要。

相关信息技术的先进性、系统的完整性、服务设备供应商的外包选择共同决定了互联网金融的技术安全风险。同时监管机构有可能会缺乏拥有必要知识和技能的人才，难以独立实施有效监管。在这个时候，需要借助于外部专业评估机构。在选取外部评估机构的时候，监管机构要进行充分的评估与资格审查，并对提供评估服务的外部机构实施监管，确保外部评估的公正性和有效性。

（3）加强对互联网金融风险管理情况的督察

银行监管机构有义务对银行业金融机构进行定期监督与管理，其中现场检查必不可少。在进行现场检查之前需要做好充足的准备工作，了解被调查银行的风险管理状况，掌握其在风险管理过程中的薄弱之处，确定详细的现场调查流程，在现场检查的过程中全程记录，提高现场调查的效率。对于现场调查中所发现的问题，一定要追根溯源，一方面研究被调查银行在风险管理方面存在问题的原因，并确认这一问题是否为行业共性；另一方面根据检查的结果对现行的监管政策进行调整与更新，确保其先进性和有效性。

针对调查所发现的问题，监管机构需要在整理并提出整改建议后进行公示，以期对同类金融机构起到警醒作用，督促他们审查自身，提前做好相关风险的防范工作，力争将风险端口前移。

8.2.3 银行层面：固本强基，提升质效

微观层面包括银行和融资方。当前的金融市场由于各类互联网企业、网贷平台等爆发式增长，在带动互联网金融发展的同时，也引起了行业混乱。股份制商业银行在互联网金融浪潮中，不能跟风炒作新概念新产品，而要“固本强基”，认清自身定位，坚守本质不动摇，强化和发展自身优势。同时“提升质效”，借助互联网金融创新，数量与质量并进，为发展普惠金融支持实体经济夯实基础。

互联网金融风险管理体系是每个银行必须建立的，在银行层面的互联网金融风险管理体系的建设可以借鉴 COSO 内部控制管理框架，在构建风险管理体系时需要综合风险评估、控制环境以及信息沟通、监督、交流等各个层面。虽说由于银行个体存在差异性，所以风险管理体系所涉及的内容也会有较大的差异性，但是上述几项是银行业金融机构建设风险管理体系所必须包含的内容。

（1）控制环境

具体指如下方面：管理者的经营理念、风格；组织职责分工以及授权等方法；组织与开发人力资源；董事会的指导及重视程度。建立完善的公司治理结构是构建良好的互联网金融风险控制系统的首要任务，高级管理层和董事会是互联网金融风险管理的首要负责人，因此应当主动担负起建立良好的公司治理结构的任务。在此，董事会和高级管理者应该明确几点：第一，对于互联网金融的风险，银行需要对其建

立起有效的监控制度，至少应是对风险进行管理的控制制度。第二，只有管理互联网金融风险的必备专业技术条件被银行突破时，银行才会参与到互联网金融中，并采取新的技术。另外，银行应将互联网金融风险管理纳入自身的风险管理流程中。第三，高级管理层和董事会必须审查互联网金融的安全控制程序，只有经过批准才可实施。第四，外包是互联网金融中一种常见的现象，针对这一情况，董事会要建立一套全面综合的监测程序，以有效控制外包风险。国外大多数银行都会将技术设计和网络系统的安装与维护工作外包出去，而不是自己承担，这一趋势也延续到国内。因此，外包风险将成为一种主要的风险类型，这种类型是互联网金融风险区别于传统金融风险的一种类型，应该受到股份制商业银行的高度重视。

（2）风险评估和预警

风险评估分为风险识别和风险分析两部分，是风险管理的关键内容。互联网金融必然会为银行带来许多风险，在类型上虽然与传统银行风险没有太大的区别，但是在程度上却差异很大。这些风险会影响互联网金融的存在和发展，同时也会对银行的形象和竞争力产生影响。另外，设立随着环境变化而调整的风险预警信号阈值是互联网金融风险预警最重要的步骤。

因为互联网金融渠道是虚拟的，这就增加了信息技术风险以及由技术发展形成的交易风险，而这些风险中有很多是不可预估的风险，是由于系统设计的缺陷或者人为操作失误而造成的。因此，做好对互联网金融的风险评估工作显得非常重要。

风险评估工作包括三个步骤：第一步，银行进行细致的分析，识别互联网金融的风险，并量化风险；第二步，银行对风险发生后可能产生的损失进行评估；第三步，银行对风险的损失程度及其自身的承受能力进行判断，确定银行是否可以承受该风险。

从银行的角度来看，评估互联网金融安全包括四个阶段：第一个阶段是启动阶段，包括对安全评估的计划、方案、范围以及合作单位和机构的确定；第二个阶段是评估阶段，包括评估计划实施、阶段性进展报告以及评估报告的提交；第三个阶段是总结阶段，即总结安全评估情况并递交给高层，提出修改意见以及向监管部门通报情况；第四个阶段是改善阶段，主要体现在针对上述三个环节制定出具体的改进方案、措施，并合理制定改善措施。

（3）控制活动

政策与程序是构成控制活动的两个要素。其中政策要素主要用于说明应该做什么，即指导，也可以理解为控制活动的方向与战略；程序要素则主要强调具体怎么做。政策是程序的基础和前提。控制活动指的是达到经营目的的一个步骤，其应包含在管理流程内。

结合风险点的特殊性，一般认为互联网金融的控制活动主要可分为两类：其一是技术控制；其二是管理控制。其中技术控制顾名思义，即所采取的控制措施主要是基于技术风险的层面进行的，通过实施技术风险措施形成更具可靠性、完整性及机密性的系统有机结合内部控制与应用程序。管理控制方面则主要强调客户培训、信息披露以及外部资源、应急方案的制订等。管控外包服务是最为重要的控制措施之一。当前各国金融领域已经充分意识到防范互联网金融风险的重要性，而防范外包风险则是其中最为重要的环节。对于互联网金融风险，在日后的管理中应特别注意管理外部风险。

（4）信息与沟通

信息与沟通是实现风险管理的重要依据，其连接了内部控制体系各要素。银行是否可贯彻执行风险管理与信息沟通有关。事实上银行能否实现整体战略目标、经营目标都与其能否做好信息与沟通有关。总之，信息与沟通是互联网金融风险管理的重要保障。基于此，应确实做好信息沟通，具体可从如下几个层面入手：第一，加强高管层与信息技术管理人员之间的沟通。首先，高管层传达给信息技术管理人员风险管理战略以及理想的风险管理模式；同时，信息技术管理人员将战略的相关内容报告给高管层，包括系统的设计、运作、优缺点等；高管层和信息技术管理人员及时获得相关信息，保持沟通联系，对战略和目标的达成情况及时了解，并采取相应措施。考虑到互联网金融风险信息的特殊性，即通常具有较高的保密性，不仅要求相关人员做好防范措施，还应结合金融风险的特点做出适当合理的公布，及时有效地控制风险，这些对于日后防范风险均具有重要意义。第二，为使内部交流更加充分，以书面形式记录政策和程序是一个重要措施。第三，建立及时有效的培训机制。因为信息技术发展迅速，因此内部培训非常必要。银行应进行一些专业培训，这些培训应集中于知识更新和技术更新，并且这些内容要与技术革新的步伐相一致，减少因知识和技术经验不足而引起的操作风险。

（5）监督

监督包括两方面：其一是系统的监测；其二是审查。首先通过监测可及时发现活动模式是否存在异常，同时可通过分析所监测到的信息及时并有针对性地解决系统所存在的问题，避免系统受到外界攻击或者由于风险而中断。审查，即通过检测业务缺陷，制定最小化的风险机制。从银行的角度分析，审查者的作用主要体现在制定出适宜的政策、标准及程序。做好监督要求审查人员具有较高的专业技能，能够保持独立性。针对股份制商业银行的发展特点，可结合需要向外招聘优秀的审计人员，充分发挥人员作用评估及监督金融业并定期向银行高管层递交审查结果。

8.2.4 其他层面：系统协调，全面管控

其他层面是国家政策、行业监管、银行内控所处的大环境，囊括了数据质量、互联网信息技术、网络数据信息安全及征信体系等方方面面。构建全面风险管理框架体系，不仅要做到宏观、中观、微观三个层面的和谐发展，而且要做到整个系统的协调，全面管控互联网金融风险。

（1）基于声誉风险的管控

一是在银行的官方网站进行信息披露。银行应结合互联网金融交易的特有属性，通过客户终端以及银行网站披露与

银行有关的相关信息，比如银行总部的所在地、银行名称、银行总部实施监管的机构、投诉咨询电话、与银行有关的链接等。通过完善的信息披露，为广大用户提供更安心的互联网交易平台。要求银行对这些信息进行公布的原因是让银行的客户更好地了解银行，建立与客户之间的信任度，以赢得更多的潜在客户。

二是做好风险提示。众所周知，一般由客户自我完成互联网金融交易，所以平台非常有必要对客户提供风险提示。对客户进行互联网金融交易风险提示与说明的方式有很多，譬如通过印发安全提示手册、面对面进行提示以及在银行的官方网站上设置安全提示或演示等。目前我国公民的安全意识逐步增强，在银行及时提示的情况下，逐步认识到互联网金融风险并树立了应有的风险意识。

（2）基于信息安全风险的管控

一是严格的身份认证技术。这里的身份认证强调客户与银行的双向认证。具体而言，主要可分为如下两种：其一是密码认证；其二是证书认证。密码认证又可分为动态密码认证与静态密码认证两种。动态密码认证在当今互联网金融发展中得到更为普遍的运用，即通常由认证中心发放数字证书。现阶段国内已经构建了多家 CA 认证机构，在配发数字证书方面主要以中国金融认证中心（简称 CFCA）为主。该认证中心包含 12 家商业银行。银行一般会在互联网金融客户办理相关业务时为其提供配发证书，要求客户基于该证书登录互联网金融。事实上这是银行验证客户身份的一个流程。

二是多样的数字加密技术。数字加密技术不仅要对信息进行加密，还要保证信息的真实性。互联网是一个开放的大环境，对于互联网金融客户而言，最关心的应该就是自己的账号与密码是否安全。基于此，在数据传输的过程中，要对这些信息进行加密处理，即对信息运用加密算法进行包装。如果要获取信息的原始文本，必须通过授权人之前相互留下的密匙进行解密。对信息进行加密的同时，人们又在考虑如何保证这些互联网信息的真实性。互联网专家又发明了数字签名技术以及数字时间戳，当一名客户一经使用了自己的签名，就不能对自己发出的信息进行否认，信息的接受人也无法对信息进行伪造或者篡改，一旦交易完成，那么第三方则提供数字时间戳服务，认定交易的时间，保证双方都无法抵赖。

（3）基于经营风险的管控

一方面，确保客户对隐私权的要求。特别是应基于相关法律要求保护客户隐私权，具体而言应做好如下工作：首先，银行应告之客户银行为其服务过程中所涉及的隐私问题及银行对此所采取的保护隐私权的政策。其次，任何情况下银行都没有与第三方共享与客户有关信息的权利，比如用户财务状况、兴趣等都属于客户信息。当然，如果已经得到客户同意，则另外说明。再次，银行只有在获得客户授权的情况下才可使用客户资料，且必须基于授权范围使用。最后，如果外包服务商基于业务关系需要获取客户信息数据，必须以银行要求为准则，正常履行相关手续后才可办理。

另一方面，确保互联网金融的连续性。毋庸置疑全天候的互联网金融极大地方便了广大用户的金融需求，但是这也使得银行面临着更大的发展压力，特别是对处置突发事件及连续性地推进银行业务方面的要求更高。基于此，笔者认为银行应特别注意做好如下工作：首先应审时度势地分析整个电子商务的市场动态以及互联网金融服务产品及其特点、客户需求等要素，制订出更具前瞻性的设计。其次是制订应急预案，具体包括应用系统、数据库、核心系统等，并定期做好检测工作，以明确应急预案的效果。在制订应急预案方面还应明确高效处置突发事件的要求。总之建立应急预案有助于银行妥善处置各类重大事件、突发事件。最后还应制订备用替代方案以解决突然中断业务系统所带来的不利影响。

8.3 研究展望

本书的研究成果为股份制商业银行互联网金融风险管理打下了一个良好的基础。然而，由于时间、资源等客观因素的限制，许多工作尚待完善，具体如下：

（1）风险影响因素维度和内涵的局限性。本书采用机器算法中的 Logistic 回归与 BP 神经网络模型，是目前较好的评估风险的方法，但随着互联网金融在我国的快速发展、网络信息技术的日新月异、创新理念的持续推动以及政府的持续重点关注，互联网金融的功能和服务必将不断创新与发展，进而导致互联网金融风险类别和影响因素的维度和内涵也将不断发生变化。因此，对股份制商业银行互联网金融风险的认知和理解必须树立动态的观念，未来需加以跟踪研究。

（2）实证方面应更深入进行纵向研究。出于数据的可获得性和研究的可行性等因素的限制，本研究只是对截面数据进行实证分析，所用数据是基于某个特定时间节点的，而事实上用户在不同的时间节点对违约风险的认知也是不断变化的，这种变化会带来风险意愿或个体行为的改变。因此，本方向内容的后续深入需要适当开展纵向研究，以便更好地揭示风险的动态变化与规律。

（3）风险管理机制和体制建设需更加系统化。就各股份制商业银行互联网金融风险控制的机制和体制建设方面，国家应建立相应的联合控制机制，借助联合风险控制机制，实现各类风险资源、信息、经验的共享，提升股份制商业银行互联网金融风险管理的立体的管控力。因此，应更加系统地从国家层面、行业层面以及商业银行自身的角度综合探讨具有前瞻性的顶层设计方案，以顺应股份制商业银行互联网金融发展的特点，更好地做好风险管理。

参考文献

[1] Allen F, Mcandrews J, Strahan P. E-finance: an introduction [J]. Journal of Financial Services Research, 2002, 22(12): 5 - 27.

[2] Birch D, Young M A. Financial services and the Internet—what does cyberspace mean for the financial services industry? [J]. Internet Research, 2001, 7(2): 120 - 128.

[3] Abroud A, Choong Y V, Muthaiyah S, et al. Adopting e-finance: decomposing the technology acceptance model for investors[J]. Service Business, 2015, 9(1): 161 - 182.

[4] Railiene G. E-finance innovations through social activities: the case of Lithuanian banking services[J]. International Journal of Business Excellence, 2015, 8(4): 417.

[5] 谢平, 邹传伟. 互联网金融模式研究[J]. 金融研究, 2012(12): 11 - 22.

[6] 陈志武. 互联网金融到底有多新[J]. 新金融, 2014(4): 9 - 13.

[7] 徐义国, 殷剑峰. 中国金融市场体系的未来取向——十九大报告蕴涵的金融元素[J]. 经济社会体制比较, 2018(1): 19 - 27.

[8] 王国刚. 从互联网金融看我国金融体系改革新趋势[J]. 红旗文稿, 2014(8): 9-13.

[9] 吕凯波, 王晓荣. 颠覆抑或补充:互联网金融发展对中国金融业的影响[J]. 经济体制改革, 2017(4): 145-150.

[10] 曾刚. 互联网金融与传统银行业的比较[J]. 互联网天地, 2014(1): 74-76.

[11] 吴晓求. 互联网金融的逻辑[J]. 中国金融, 2014(3): 29-31.

[12] 龚明华. 互联网金融特点、影响与风险防范[J]. 新金融, 2014(2): 8-10.

[13] 彭颖, 张友棠. 云金融视阈下互联网金融商业风险预警模式研究[J]. 会计之友, 2016(13): 67-69.

[14] 黄秋萍, 胡宗义, 刘亦文. 中国普惠金融发展水平及其贫困减缓效应[J]. 金融经济学研究, 2017(6): 75-84.

[15] Shahrokhi M. E-finance: status, innovations, resources and future challenges[J]. Managerial Finance, 2008, 34(6): 365-398.

[16] Lee M C. Predicting and explaining the adoption of online trading: an empirical study in Taiwan[J]. Decision Support Systems, 2009, 47(2): 133-142.

[17] Yuliya K L, Gonzalez L. Competition against common sense: insights on peer-to-peer lending as a tool to allay financial exclusion[J]. Social Science Electronic Pub-

lishing, 2014, 33(5): 605 - 623.

[18] Agrawal A, Catalini C, Goldfarb A. Some simple economics of crowdfunding [J]. Innovation Policy & the Economy, 2014, 14(1): 63 - 97.

[19] Kuppuswamy V, Bayus B L. Crowdfunding creative ideas: the dynamics of project backers in kickstarter[J]. Social Science Electronic Publishing, 2013(6): 37 - 49.

[20] Tasca P. Digital currencies: principles, trends, opportunities, and risks[J]. Social Science Electronic Publishing, 2015(9): 110 - 125.

[21] Guesmi K, Saadi S, Abid I, et al. Portfolio diversification with virtual currency: evidence from bitcoin [J]. International Review of Financial Analysis, 2018(3): 17 - 23.

[22] 陶娅娜. 互联网金融发展研究[J]. 金融发展评论, 2013(11): 58 - 73.

[23] 宫晓林. 互联网金融模式及对传统银行业的影响[J]. 南方金融, 2013(5): 86 - 88.

[24] 许海霞, 赵鸿鑫, 雷茜. 我国互联网金融的发展现状、问题及政策建议[J]. 金融经济, 2014(16): 3 - 6.

[25] 周茂清. 互联网金融的特点、兴起原因及其风险应对[J]. 当代经济管理, 2014, 36(10): 69 - 72.

[26] 曹凤岐. 互联网金融对传统金融的挑战[J]. 金融论坛, 2015(1): 3 - 6.

[27] 许荣, 刘洋, 文武健, 等. 互联网金融的潜在风险研究[J]. 金融监管研究, 2014(3): 40 - 56.

[28] Galloway I. Peer-to-peer lending and community development finance [J]. Community Development Investment Center Working Paper, 2009, 21(3): 19-23, 39.

[29] Montolio D, Trillas F. Regulatory federalism and industrial policy in broadband telecommunications [J]. Information Economics & Policy, 2013, 25(1): 18-31.

[30] Everett C R. Group membership, relationship banking and loan default risk: the case of online social lending [J]. Social Science Electronic Publishing, 2015, 7(2): 1-31.

[31] Anderson R. Risk and privacy implications of consumer payment innovation[J]. Kc. frb. org, 2012.

[32] Verstein A. The misregulation of person-to-person lending [J]. Social Science Electronic Publishing, 2011: 447-478.

[33] 杨群华. 我国互联网金融的特殊风险及防范研究[J]. 金融科技时代, 2013(7): 100-103.

[34] 郑英隆, 王勇, 袁健. 互联网金融的多网交织成长与风险管理[J]. 江汉论坛, 2014(3): 75-80.

[35] 霍兵. 互联网金融的风险、监管层次和原则——基于互联网连接模式的视角[J]. 亚太经济, 2014(6): 34-38.

[36] 陈道炜. 互联网金融现状、风险及防范对策[J]. 海南金融, 2014(10): 67-71.

[37] 王兴盛. 互联网金融:风险、影响及治理[J]. 青海金

融，2014(10)：30－34.

[38] 彭景，卓武扬. 我国互联网金融系统性风险的特征、成因及监管[J]. 西南金融，2016(10)：3－7.

[39] 李彩凤，梁静溪. 互联网金融风险的实证评价及优化对策[J]. 金融理论与实践，2016(5)：69－74.

[40] Basle Committee on Banking Supervision. An internal model-based approach to market risk capital requirements [S]. Basel：Bank for International Settlements，1995.

[41] Hamdaoui M. E-financial liberalization and systemic banking crisis：a meta-analysis[J]. International Economics，2017，152：26－54.

[42] Consigli G. Tail estimation and mean—VaR portfolio selection in markets subject to financial instability[J]. Journal of Banking & Finance，2002，26(7)：1355－1382.

[43] Embrechts P，McNeil A，Straumann D. Correlation：pitfalls and Alternatives[J]. Risk，1999：23.

[44] Bouyé E，Durrleman V，Nikeghbali A，et al. Copulas for finance—a reading guide and some applications[J]. Social Science Electronic Publishing，2000：64.

[45] Cherubini U，Luciano E，Vecchiato W. Copula methods in finance[M]. John Wiley & Sons，2004.

[46] 宋光辉，吴超，吴栩. 互联网金融风险度量模型选择研究[J]. 金融理论与实践，2014(12)：16－19.

[47] 曹玲燕. 基于模糊层次分析法的互联网金融风险评估研究[D]. 合肥：中国科学技术大学，2014.

[48] 潘庄晨，邢博，范小云. 信用风险评价模型综述及对我国 P2P 网络借贷平台的借鉴[J]. 现代管理科学，2015(1)：15－17.

[49] 王立勇，石颖. 互联网金融的风险机理与风险度量研究——以 P2P 网贷为例[J]. 东南大学学报(哲学社会科学版)，2016(2)：45－46.

[50] 王佼，刘艳春. 互联网金融信用风险及其影响分析[J]. 技术经济与管理研究，2016(7)，75－79.

[51] Gibson M S. The implications of risk management information systems for the organization of financial firms[J]. International Finance Discussion Paper, 1998: 1－32.

[52] Diebold F X, Santomero A M. Financial risk management in a volatile global environment[J]. Center for Financial Institutions Working Papers, 1999: 660－679.

[53] Lo A W. The three P's of total risk management[J]. Financial Analysts Journal, 1999, 55(1): 13－26.

[54] Selim G, McNamee D. Risk management and internal auditing: what are the essential building blocks for a successful paradigm change? [J]. International Journal of Auditing, 1999, 3(2): 147－155.

[55] Pagano M S. How theories of financial intermediation and corporate risk—management influence bank risk—taking behavior[J]. Financial Markets, Institutions & Instruments, 2001, 10(5): 277－323.

[56] Crawford M, Stein W. Auditing risk management: fine in

theory but who can do it in practice? [J]. International Journal of Auditing, 2002, 6(2): 119 - 131.

[57] 苗文龙, 刘海二. 互联网众筹融资及其激励约束与风险管理——基于金融市场分层的视角[J]. 金融监管研究, 2014 (7): 1 - 22.

[58] 刘志洋, 汤珂. 互联网金融的风险本质与风险管理[J]. 探索与争鸣, 2014(11): 65 - 69.

[59] 赵海荣. 互联网金融的风险及监管探析[J]. 现代经济信息, 2014(11): 340 - 341.

[60] 陈秀梅. 论我国互联网金融市场信用风险管理体系的构建[J]. 宏观经济研究, 2014(10): 122 - 126.

[61] 胡辰. P2B 互联网金融风险控制模式及实际应用[J]. 财经问题研究, 2017(9): 47 - 53.

[62] 阳晓伟, 魏家富, 房汉国. 互联网金融的风险管理研究[J]. 现代管理科学, 2016(4): 13 - 14.

[63] 刘伟, 夏立秋, 王一雷. 动态惩罚机制下互联网金融平台行为及监管策略的演化博弈分析[J]. 系统工程理论与实践, 2017, 37(5): 1113 - 1122.

[64] 范方志, 苏国强, 王晓彦. 供应链金融模式下中小企业信用风险评价及其风险管理研究[J]. 中央财经大学学报, 2017(12): 34 - 43.

[65] Akerlof G A. The market for "lemons": quality uncertainty and the market mechanism[J]. The Quarterly Journal of Economics, 1970, 84(3): 488 - 500.

[66] Jappelli T, Pagano M, Bianco M. Courts and banks:

effects of judicial enforcement on credit markets[J]. Journal of Money Credit & Banking, 2005, 37(2): 223-244.

[67] Pagano M, Jappelli T. Personal saving in Italy[M]. Università Commerciale L. Bocconi, 1993.

[68] Pinheiro A C, Cabral C, Aripino O, et al. Credit markets and institutions in Brazil 1 [J]. Ensaios Bndes, 1998: 27.

[69] Artigas C T. A review of credit registers and their use for basel Ⅱ [J]. Financial Stability Institute Bank for International Settlements, 2004: 64-66.

[70] Balzarotti V, Falkenheim M, Powell A. On the use of portfolio risk models and capital requirements in emerging markets: the case of argentina[J]. The World Bank Economic Review, 2002, 16(2): 197-212.

[71] Balzarotti V, Castro C, Powell A. Reforming capital requirements in emerging countries: calibrating basel Ⅱ using historical argentine credit bureau data and creditrisk [J]. Business School Working Papers, 2004: 79.

[72] Freedman S, Ginger J. Dynamic learning and selection: the early years of prosper[J]. Working Paper, University of Maryland, 2008: 26.

[73] Duarte J, Siegel S, Young L. Trust and credit: the role of appearance in peer-to-peer lending[J]. Review of Financial Studies, 2012, 25(8): 2455-2483.

[74] Stefanie, Hme R. The role of soft information in trust

building: evidence from online social lending[C] // International Conference on Trust and Trustworthy Computing. Springer-Verlag, 2010: 381 - 395.

[75] Foglia A. Using credit register and company account data for measuring credit risk: a supervisory approach, bank of Italy[R]. 2002: 47 - 53.

[76] Kumar M N, Rao V S H. A new methodology for estimating internal credit risk and bankruptcy prediction under basel Ⅱ regime[J]. Computational Economics, 2014, 46(1): 1 - 20.

[77] 彭娜. 商业银行互联网金融发展策略与风险管理研究[J]. 农银学刊, 2016(3): 12 - 14.

[78] 王云鹏. 互联网金融背景下的商业银行风险评价研究[J]. 财政监督, 2016(3): 26.

[79] 杜聪聪. 互联网金融快速发展背景下商业银行面临的风险及其内部控制[J]. 区域金融研究, 2015(1): 50 - 53.

[80] 刘忠璐. 互联网金融对商业银行风险承担的影响研究[J]. 财贸经济, 2016, 37(4): 71 - 85.

[81] 王德超. 互联网金融对商业银行影响及对策研究[D]. 济南: 山东财经大学, 2015.

[82] 余淙. 互联网金融对商业银行的影响及对策研究[J]. 经济研究导刊, 2015(3): 93 - 95.

[83] 中国工商银行江苏省分行课题组. 我国商业银行互联网金融风险管理研究[J]. 金融纵横, 2016(2): 37 - 40.

[84] 宋光辉，钱崇秀，吴超. 管理视角下我国商业银行流动性风险度量研究[J]. 管理现代化，2016(1)：22－24.

[85] Buxton B, Goldston D, Doctorow C, et al. Big data: science in the petabyte era [J]. Nature, 2008, 455(7209): 1－136.

[86] Anuradha D, Bhuvaneswari S. A detailed review on the prominent compression methods used for reducing the data volume of big data[J]. Annals of Data Science, 2016, 3(1): 47－62.

[87] Thurm S. Next frontier in credit scores: prediceting personal behavior[J]. Wall Street Journal, 2011:10.

[88] Sowmya R, Suneetha K R. Data mining with big data[C] // International Conference on Intelligent Systems and Control. IEEE, 2017: 246－250.

[89] Taneja R, Gaur D. Robust fuzzy neuro system for big data analytics[J]. Developmental Biology, 2018, 85(2): 344－357.

[90] Trinitapoli J. Everything is obvious, once you know the answer: how common sense fails us[J]. Contemporary Sociology: A Journal of Reviews, 2014, 43(2): 278－280.

[91] Vlahos J. The department of pre-crime [J]. Scientific American, 2012, 306(1): 62－67.

[92] Rudin C, Passonneau R J, Radeva A, et al. 21st-century data miners meet 19th-century electrical cables[J]. Computer, 2011, 44(6): 103－105.

[93] Garcez T V, Almeida A T D. Multidimensional risk assessment of manhole events as a decision tool for ranking the vaults of an underground electricity distribution system [J]. IEEE Transactions on Power Delivery, 2014, 29 (2): 624-632.

[94] Japkowicz N, Stefanowski J. A machine learning perspective on big data analysis[M] // Big Data Analysis: New Algorithms for a New Society. Springer International Publishing, 2016.

[95] 涂子沛. 大数据：正在到来的数据革命，以及它如何改变政府、商业与我们的生活[M]. 桂林：广西师范大学出版社，2012.

[96] 张引，陈敏，廖小飞. 大数据分析的现状与展望[J]. 计算机研究与发展，2013，27(2)：142-144.

[97] 马建光，姜巍. 大数据的概念、特征及其应用[J]. 国防科技，2013，34(2)：10-17.

[98] 孟小峰，杜治娟. 大数据融合研究：问题与挑战[J]. 计算机研究与发展，2016(2)：146-149.

[99] 郝玉贵，贺广宜，李昀泽. 大数据战略与公允价值分层计量的价值相关性——基于中国金融业的实证研究[J]. 审计与经济研究，2018(1)：135-139.

[100] 种照辉，覃成林，叶信岳. 城市群经济网络与经济增长——基于大数据与网络分析方法的研究[J]. 统计研究，2018(1)：13-21.

[101] Markose S, Giansante S, Shaghaghi A R. "Too intercon-

nected to fail" financial network of US CDS market: topological fragility and systemic risk[J]. Journal of Economic Behavior & Organization, 2012, 83(3): 627 -646.

[102] Koyuncugil A S, Ozgulbas N. Financial early warning system model and data mining application for risk detection[J]. Expert Systems with Applications, 2012, 39(6): 6238 -6253.

[103] Tamasauskas D, Liutvinavicius M, Sakalauskas V, et al. Research of conventional data mining tools for big data handling in finance institutions[J]. Lecture Notes in Business Information Processing, 2013, 160: 35 -46.

[104] Sun E W, Chen Y T, Yu M T. Generalized optimal wavelet decomposing algorithm for big financial data[J]. International Journal of Production Economics, 2015, 165: 194 -214.

[105] 杨虎，易丹辉，肖宏伟. 基于大数据分析的互联网金融风险预警研究[J]. 现代管理科学，2014，2(4)：3 -5.

[106] 林晓轩. 工商银行:应用大数据控制风险、节约成本[J]. 世界电信，2014(1)：104 -106.

[107] 黄昶君，王林. 大数据时代商业银行电子商务零售客户风险评分模型设计框架及实证分析[J]. 投资研究，2014，33(4)：16 -26.

[108] 肖肖，骆建文. 基于大数据的互联网融资平台信用评级[J]. 现代管理科学，2015(1)：17 -18.

[109] 张恒庆. 利用大数据优化银行小微风险管理模式探

析——以某银行为例[J]. 金融研究, 2016(8): 182-183.

[110] 张玉明, 李荣, 王欣. 小微企业互联网环境与企业家社会资本对技术创新的影响研究[J]. 管理学报, 2018(2): 77-79.

[111] 王文成, 董卉宁. 互联网视角下大型国有商业银行发展路径研究[J]. 经济体制改革, 2017(4): 196-200.

[112] 孙杰, 贺晨. 大数据时代的互联网金融创新及传统银行转型[J]. 财经科学, 2015(1): 11-16.

[113] 石建勋. 互联网金融创新理论及其对传统金融的挑战[J]. 探索与争鸣, 2014(12): 23-25.

[114] 沈悦, 郭品. 互联网金融、技术溢出与商业银行全要素生产率[J]. 金融研究, 2015(3): 160-175.

[115] 谭润石. 履行社会责任 提升服务实体经济质效——访银行业协会专职副会长潘光伟和渤海银行董事长李伏安[J]. 中国金融家, 2016(12): 37-39.

[116] 王锦虹. 互联网金融对商业银行盈利影响测度研究——基于测度指标体系的构建与分析[J]. 财经理论与实践, 2015, 36(193): 7-12.

[117] 郭品, 沈悦. 互联网金融对商业银行风险承担的影响: 理论解读与实证检验[J]. 财贸经济, 2015, 36(10): 102-116.

[118] 郭宏宇. 将互联网金融业务约束在既有框架之内——美国经验与借鉴[J]. 银行家, 2017(9): 105-108.

[119] 生蕾. 信息不对称与互联网金融发展[J]. 征信, 2015(12): 15-18.

[120] 周雷，颜芳. 新常态下互联网金融支持小微企业融资研究——基于信息不对称视角[J]. 财会通讯，2016(35)：91-93.

[121] 张丹丹. 互联网金融对五大商业银行存贷业务的替代效应分析——基于利率弹性角度[J]. 农村金融研究，2015(7)：40-44.

[122] 李巧莎. 基于金融成长周期理论的科技型中小企业融资问题研究[J]. 科技管理研究，2013，33(10)：243-245.

[123] 陆岷峰，葛和平. 成长链金融：模型构建与实证研究[J]. 社会科学研究，2016(5)：79-85.

[124] 王雪原，王玉冬，徐玉莲. 资金筹集渠道对不同生命周期高新技术企业创新绩效的影响[J]. 软科学，2017，31(4)：47-51.

[125] 周青，邹凡，何铮. 生命周期视角下产业技术创新战略联盟冲突影响因素演变研究[J]. 科技进步与对策，2017，34(4)：66-71.

[126] 张萍，党怀清. 互联网金融创新扩散中的策略错配与监管机制[J]. 管理世界，2015(9)：170-171.

[127] 许天骆，王亭熙. 博弈论域下商业银行信贷的风险控制[J]. 统计与决策，2012(12)：164-167.

[128] 彭鹏. 对重构商业银行营销体系的思考[J]. 中国经贸，2016(10)：131-132.

[129] 李峰. 互联网金融对我国金融机构信用风险影响的实证研究[J]. 大陆桥视野，2017(2)：45-49.

[130] 孙回回. 基于声誉模型分析的中小企业融资问题研究

[J]. 企业经济, 2010(9): 165-167.

[131] 皮天雷, 赵铁. 互联网金融范畴、革新与展望[J]. 财经科学, 2014(6): 27-30.

[132] 潘永明, 刘曼. 基于互联网金融的中小企业融资模式创新[J]. 商业经济研究, 2015(5): 98-99.

[133] 聂尔德. 基于演化博弈视角的中小企业融资分析[J]. 财经问题研究, 2011(6): 27-31.

[134] 费腾, 李智, 刘力臻. 基于不完全信息博弈模型的中小企业融资分析[J]. 商业研究, 2012(2): 108-113.

[135] 伦墨华, 李建军. 互联网金融模式下各参与主体的竞争博弈分析[J]. 商业时代, 2014(7): 71-73.

[136] 俞林, 康灿华, 王龙. 互联网金融监管博弈研究: 以P2P网贷模式为例[J]. 南开经济研究, 2015(5): 126-139.

[137] 卜亚, 姜苏莉, 王芳. 基于KMRW声誉模型的互联网金融监管博弈研究[J]. 金融监管研究, 2017(11): 38-50.

[138] 袁意, 邓敢林. 互联网金融风险类型及应对思路[J]. 现代经济信息, 2018(1): 34-39.

[139] 邓建鹏. 互联网金融法律风险的思考[J]. 科技与法律, 2014, 6(3): 418-428.

[140] 袁新峰. 关于当前互联网金融征信发展的思考[J]. 征信, 2014, 32(1): 39-42.

[141] 范铁光, 刘岩松. 对互联网金融时代征信业发展的思考[J]. 征信, 2014, 32(8): 37-39.

[142] 赵喜仓，毛茜．股份制商业银行互联网金融的风险预警探讨[J]．统计与决策，2018(4)：41－45.

[143] 卢红．基于胜任力模型的互联网金融从业人员培训体系探讨[J]．金融与经济，2015(12)：86－88.

[144] 贾亚红．互联网金融信息技术风险及对策研究[J]．经济师，2015(9)：175－175.

[145] 李学龙，龚海刚．大数据系统综述[J]．中国科学:信息科学，2015，45（1)：1－44.

[146] 李国杰，程学旗．大数据研究:未来科技及经济社会发展的重大战略领域——大数据的研究现状与科学思考[J]．中国科学院院刊，2012，27(6)：647－657.

[147] 郑志来．互联网金融对我国商业银行的影响路径——基于“互联网＋”对零售业的影响视角[J]．财经科学，2015(5)：34－43.

[148] 国务院．国务院关于大力推进大众创业万众创新若干政策措施的意见[J]．中华人民共和国国务院公报，2015(18):13－16.

[149] 科技部．科技部关于进一步推动科技型中小企业创新发展的若干意见[J]．中华人民共和国国务院公报，2015(2)：7－8.

[150] Herrera A M，Minetti R．Informed finance and technological change：evidence from credit relationships[J]．Journal of Financial Economics，2007，83(1)：223－269.

[151] Cumming D，Rui O，Wu Y．Political instability，access to private debt and innovation investment in China[J].

Emerging Markets Review, 2016(29): 68 - 81.

[152] Belderbos R, Carree M, Lokshin B, et al. Inter-temporal patterns of R&D collaboration and innovative performance[J]. Journal of Technology Transfer, 2015, 40(1):123 - 137.

[153] Liang C C, Nguyen N L. Marketing strategy of internet-banking service based on perceptions of service quality in Vietnam [J]. Electronic Commerce Research, 2017 (3): 1 - 18.

[154] 康志勇. 融资约束、政府支持与中国本土企业研发投入[J]. 南开管理评论, 2013, 16(5): 61 - 70.

[155] 毛茜, 赵喜仓. 创新价值链视角下信用评估研究——基于科技型小微企业的实证分析[J]. 华东经济管理, 2018(5): 134 - 139.

[156] 周雪峰. 社会资本对企业创新投资的影响研究综述及展望[J]. 华东经济管理, 2017, 31(12): 154 - 161.

[157] 武力超, 孙梦暄, 张晓东. 关系型贷款与企业创新问题的研究——基于 Heckman 两阶段选择模型的分析[J]. 经济科学, 2015(1): 66 - 78.

[158] 姚铮, 胡梦婕, 叶敏. 社会网络增进小微企业贷款可得性作用机理研究[J]. 管理世界, 2013(4): 135 - 149.

[159] Sun Y, Zang F. Firms' intra-or inter-regional R&D collaboration and innovative performance—the moderating effect of technology diversification[J]. Science Research Management, 2017, 8: 34 - 36.

[160] 梁琪. 企业经营管理预警: 主成分分析在 logistic 回归

方法中的应用[J]. 管理工程学报，2005，19(1)：100-103.

[161] 刘澄，武鹏，郝丹洁. 基于模糊集理论的科技型小微企业信用等级评估研究[J]. 科技进步与对策，2013，30(18)：170-176.

[162] 王磊，范超，解明明. 数据挖掘模型在小企业主信用评分领域的应用[J]. 统计研究，2014，31(10)：89-98.

[163] Cosci S, Meliciani V, Sabato V. Relationship lending and innovation: empirical evidence on a sample of European firms[J]. Economics of Innovation & New Technology, 2016, 25(4): 335-357.

[164] 刘力钢，刘建基. 大数据背景下科技型中小企业社会资本对动态能力的影响[J]. 科技进步与对策，2017(21)：64-72.

[165] West D, Dellana S, Qian J. Neural network ensemble strategies for financial decision applications[J]. Computers & Operations Research, 2005, 32(10): 2543-2559.

[166] 高丽君. 基于贝叶斯模型平均生存模型的中小企业信用风险估计[J]. 中国管理科学，2012(s1)：327-331.

[167] Takieddine S, Andohbaidoo F K. An exploratory analysis of internet banking adoption using decision tree induction [J]. International Journal of Electronic Finance, 2014, 8(1): 1-20.

[168] Douglas D, Radicic D, Pugh G, et al. Cooperation for innovation: impact evidence for European manufacturing

SMEs[J]. Academy of Management Annual Meeting Proceedings, 2015, 2015(1):12471.

[169] ÖzlemEgeOruç, Çiğdem Tatar. An investigation of factors that affect internet banking usage based on structural equation modeling[J]. Computers in Human Behavior, 2017, 66: 232-235.

[170] Angilella S, Mazzù S. The financing of innovative SMEs: a multi-criteria credit rating model[J]. European Journal of Operational Research, 2015, 244(2): 540-554.

[171] Zhong H, Miao C, Shen Z, et al. Comparing the learning effectiveness of BP, ELM, I-ELM, and SVM for corporate credit ratings[J]. Neurocomputing, 2014, 128(5): 285-295.

[172] 肖斌卿，柏巍，姚瑶，等. 基于LS-SVM的小微企业信用评估研究[J]. 审计与经济研究，2016，31(6): 102-111.

[173] 余泳泽，张先轸. 要素禀赋、适宜性创新模式选择与全要素生产率提升[J]. 管理世界，2015(9): 13-31.

[174] 郭研，郭迪，姜坤. 政府资助、项目筛选和企业的创新产出——来自科技型中小企业创新基金的证据[J]. 产业经济研究，2015(2): 33-46.

[175] Hansen M T, Birkinshaw J. The innovation value chain[J]. Harvard Business Review, 2007, 85(6): 121.

[176] 徐可，何桢，王瑞. 供应链关系质量与企业创新价值链——知识螺旋和供应链整合的作用[J]. 南开管理

评论，2015，18(1)：108－117.

[177] 吴连冠. 基于大数据分析的互联网金融风险预警研究[J]. 时代金融，2014(4)：54－58.

[178] 鲍骏超. 大数据分析下的互联网金融风险预警研究[J]. 财经界(学术版)，2016(6)：23.

[179] 陈萍. 金融舆情监测分析运用及政府策略[J]. 中国国情国力，2012(8)：26－28.

[180] 孟小峰，慈祥. 大数据管理：概念、技术与挑战[J]. 计算机研究与发展，2013(1)：146－169.

[181] 王璐. 论大数据背景下互联网金融风险预警系统的建设[J]. 经贸实践，2016(4)：27－31.

[182] 李国杰. 大数据研究的科学价值[J]. 中国计算机学会通讯，2012(9)：8－15.

[183] 童心雨. 基于大数据的互联网金融风险预警机制建设[J]. 电子商务，2017(6)：58－59.

[184] 刘丹，刘晔. 互联网金融服务业风险预警研究[J]. 当代经济，2017(1)：48－50.

[185] 陈建华. 以大数据为中心构建互联网金融风险预警系统[J]. 电子商务，2016(8)：70－73.

附录 1

我国主要银行业金融机构

	类别	典型代表	功能
国家机构	中央银行	1 家： 中国人民银行	国务院组成部门，制定和执行货币政策，维护金融稳定
全国性银行	政策性银行	3 家： 国家开发银行、中国进出口银行、中国农业发展银行	直属国务院领导，非营利，贯彻国家经济政策，是宏观经济管理的工具
	大型国有商业银行	5 家： 中国工商银行、中国农业银行、中国银行、中国建设银行、交通银行	由国家（财政部、中央汇金公司）直接管控
	股份制商业银行	12 家： 华夏银行、浦发银行、民生银行、招商银行、中信银行、光大银行、兴业银行、广发银行、平安银行、恒丰银行、浙商银行、渤海银行	企业法人持股，国有控股
	邮政储蓄银行	1 家： 邮政储蓄银行	国有，隶属于中国邮政集团公司

续表

	类别	典型代表	功能
区域性银行	城商行	162 家：北京银行、天津银行、上海银行、江苏银行、吉林银行等	为发展地方经济搭桥铺路
	农商行	1 953 家：北京农商行、上海农商行等	
	民营银行	6 家：天津金城银行、上海华瑞银行、浙江网商银行、温州民商银行、重庆富民银行股份有限公司、深圳前海微众银行	民间资本控股，主要为民营企业提供资金支持和服务

附录 2

互联网金融相关法律法规

类别	发布时间	名称	发布机构
第三方支付	2010. 9. 1	《非金融机构支付服务管理办法》（〔2010〕第 2 号）	人民银行
	2010. 12. 1	《非金融机构支付服务管理办法实施细则》（中国人民银行公告〔2010〕第 17 号）	人民银行
	2012. 11. 1	《支付机构预付卡业务管理办法》	人民银行
	2013. 6. 7	《支付机构客户备付金存管办法》	人民银行
	2013. 7. 5	《银行卡收单业务管理办法》	人民银行
	2012. 1. 5	《支付机构互联网支付业务管理办法（征求意见稿）》	人民银行
	2012. 3. 8	《支付机构反洗钱和反恐怖融资管理办法》（银发〔2012〕54 号）	人民银行
	2014. 3. 18	《关于手机支付业务发展的指导意见全文及起草说明》	人民银行
	2014. 3. 18	《支付机构网络支付业务管理办法（征求意见稿）》	人民银行
	2014. 4. 3	《关于加强商业银行与第三方支付机构合作业务管理的通知》（银监发〔2014〕10 号）	银监会、人民银行

续表

类别	发布时间	名称	发布机构
第三方支付	2015.12.25	《关于改进个人银行账户服务加强账户管理的通知》（银发〔2015〕392号）	人民银行
	2017.12.27	《条码支付业务规范（试行）》银发〔2017〕296号	人民银行
网络贷款	2011.8.23	《关于人人贷有关风险提示的通知》（银监办发〔2011〕254号）	银监会
	2016.11.30	《网络借贷信息中介机构备案登记管理指引》（银监办发〔2016〕160号）	银监会等三部委
	2017.12.1	《关于规范整顿“现金贷”业务的通知》	互联网金融风险专项整治、P2P网贷风险专项整治工作领导小组办公室
	2017.12.8	《关于小额贷款公司网络小额贷款业务风险专项整治实施方案的通知》（网贷整治办函〔2017〕56号）	P2P网络借贷风险专项整治工作领导小组办公室
	2017.2.23	《网络借贷资金存管业务指引》	银监会
	2017.6.28	《关于进一步加强校园贷规范管理工作的通知》（银监办发〔2017〕26号）	银监会等三部委

续表

类别	发布时间	名称	发布机构
网络贷款	2017. 7. 6	《关于对互联网平台与各类交易场所合作从事违法违规业务开展清理整顿的通知》	互联网金融风险专项整治工作领导小组办公室
	2017. 8. 24	《网络借贷信息中介机构业务活动信息披露指引》	银监会
众筹融资	2010. 11. 12	《最高人民法院关于审理非法集资刑事案件具体应用法律若干问题的解释》	最高人民法院
	2014. 12. 18	《私募股权众筹融资管理办法（试行）（征求意见稿）》（中证协发〔2014〕236号）	中国证券业协会
	2014. 3. 31	《关于办理非法集资刑事案件适用法律若干问题的意见》	最高人民法院、最高人民检察院和公安部联合发布
	2006. 12. 12	《国务院办公厅关于严厉打击非法发行股票和非法经营证券业务有关问题的通知》（国办发〔2006〕99号）	证监会
虚拟货币	2008. 9. 28	《关于个人通过网络买卖虚拟货币取得收入征收个人所得税问题的批复》（国税函〔2008〕818号）	国税总局
	2009. 6. 4	《关于加强网络游戏虚拟货币管理工作的通知》（文市发〔2009〕20号）	文化部和商务部联合发布

续表

类别	发布时间	名称	发布机构
虚拟货币	2013.12.3	《中国人民银行、工业和信息化部、中国银行业监督管理委员会、中国证券监督管理委员会、中国保险监督管理委员会关于防范比特币风险的通知》（银发〔2013〕289号）	五部委
互联网保险	2011.4.15	《互联网保险业务监管规定（征求意见稿）》	保监会
	2011.9.20	《中国保险监督管理委员会关于印发〈保险代理、经纪公司互联网保险业务监管办法（试行）〉的通知》（保监发〔2011〕53号）	保监会
	2012.5.16	《关于提示互联网保险业务风险的公告》（保监公告〔2012〕7号）	保监会
	2014.4.15	《关于规范人身保险公司经营互联网保险有关问题的通知（征求意见稿）》	保监会
网上银行	2001.6.29	《网上银行业务管理暂行办法》（2007年被废除）	人民银行
	2006.1.26	《电子银行业务管理办法》（银监会令2006年第5号）	银监局
互联网金融	2015.7.18	《关于促进互联网金融健康发展的指导意见》（银发〔2015〕221号）	人民银行等十部委
	2016.10.13	《互联网金融风险专项整治工作实施方案》	国务院办公厅
	2017.6.29	《关于进一步做好互联网金融风险专项整治清理整顿工作的通知》	人民银行等十七部门

附录 3

第 6 章符号说明

符号	含义
R_1	融资方通过股份制商业银行互联网金融获取贷款产生的收益率
R_2	融资方通过股份制商业银行互联网金融贷款的利率
R_3	政府给予银行互联网金融的风险补贴、税收减免等
R_4	政府调控的情况下，融资方履约按期还贷，政府给其的奖励，如税收减免等
R_5	如果融资方违约，银行进行追偿，由于缺少政府调控，银行追偿会付出成本 H，追偿之后，融资方仍然可能会拖延执行或者通过转移资金存留的一部分收益
C	本金
a	没有政府调控的情况下，融资方的贷款成本，$0 \leqslant a \leqslant R_1 C$
b	在贷款归还阶段，融资方存在的违约风险可能会给银行造成的损失
E	股份制商业银行通过互联网金融对融资方放贷，给整个社会带来的效益
E_1	在政府调控股份制商业银行互联网金融，融资方履约还贷的情况下，融资方会受到政府奖励 R_4，同时整个社会会产生较大的社会效益 E_1
E_2	融资方违约会造成社会福利的损失，假定政府的收益是 E_2，且 $E_2 < E_1$

续表

符号	含义
e	还贷阶段融资方存在的违约风险造成的社会福利或有损失
R_1C	融资方的贷款收益
H	融资方违约，银行选择追偿，缺少政府政策调控下银行付出的追偿成本
R_2C	银行利息收益
P_1	政府采取调控行动的概率
$1-P_1$	政府不采取调控行动的概率
P_2	融资方申请贷款的概率
$1-P_2$	融资方不申请贷款的概率
P_3	在政府调控股份制商业银行互联网金融的条件下，商业银行互联网金融放贷的概率
$1-P_3$	在政府不调控股份制商业银行互联网金融的条件下，商业银行互联网金融放贷的概率
P_4	在政府调控的情况下，融资方履约按期归还贷款的概率
$1-P_4$	在政府调控的情况下，融资方不履约按期归还贷款的概率
P_4'	在政府不调控的情况下，融资方还贷的概率，$P_4>P_4'$
$1-P_4'$	在政府不调控的情况下，融资方不履约按期归还贷款的概率
P_5	在政府调控股份制商业银行互联网金融的情况下，银行追偿的概率
$1-P_5$	在政府调控股份制商业银行互联网金融的情况下，银行不追偿的概率
P_5'	在政府不调控股份制商业银行互联网金融的情况下，银行追偿的概率，$P_5>P_5'$
$1-P_5'$	在政府不调控股份制商业银行互联网金融的情况下，银行不追偿的概率

续表

符号	含义
T	贷款总期数为 T，在无限次重复博弈中，T 趋向于正无穷
t	在 T 之前的任一期为 t ，$1 < t < T$
U_1	单次贷款申请阶段，融资方的期望收益
U_2	单次贷款申请阶段，股份制商业银行的期望收益
U_3	单次贷款申请阶段，政府的期望收益
U_1'	单次贷款归还阶段，融资方还款的期望收益
U_1^*	单次贷款归还阶段，融资方违约的期望收益
U_2'	单次贷款归还阶段，融资方违约，银行追索的条件下，股份制商业银行的期望收益
U_2^*	单次贷款归还阶段，融资方违约，银行不追索的条件下，股份制商业银行的期望收益
U_3'	单次贷款归还阶段，政府调控的期望收益
U_3^*	单次贷款归还阶段，政府不调控的期望收益
U'	多次重复博弈下，融资方还款的期望收益
U^*	多次重复博弈下，融资方违约的期望收益
U_∞'	融资方选择在第 t 期正常还贷所得到的收益和第 t 期之后各期贷款所得的期望收益总和
U_∞^*	融资方在第 t 期违约所得到的收益总和
σ	贴现因子

附录 4

萌芽期测试样本预期输出与实际结果对比表

编号	1	4	5	9	10	11	12	14	18	20
实际	0	0	0	0	0	0	0	0	0	0
预测	0.00	0.00	0.00	0.00	0.00	0.04	0.01	0.01	0.01	0.00
编号	21	23	24	27	29	31	32	33	34	41
实际	0	0	0	0	0	0	0	0	0	0
预测	0.00	0.00	0.02	0.02	0.02	0.02	0.02	0.02	0.02	0.02
编号	43	50	56	60	65	66	70	72	73	74
实际	0	0	0	0	0	0	0	0	0	0
预测	0.02	0.00	0.00	0.12	0.00	0.00	0.00	0.00	0.00	0.00
编号	77	79	81	84	85	88	90	93	97	101
实际	1	1	1	0	0	0	0	0	0	1
预测	0.96	0.96	0.96	0.00	0.00	0.01	0.01	0.00	0.00	0.86
编号	102	103	105	117	118	123	126	131	138	145
实际	1	1	0	0	0	0	0	0	0	0
预测	0.84	0.93	0.00	0.00	0.00	0.00	0.00	0.00	0.01	0.00
编号	146	150	155	156	159	161	171	173	174	175
实际	0	0	0	0	0	0	0	0	0	0
预测	0.00	0.00	0.00	0.00	0.00	0.00	0.00	0.01	0.00	0.00

续表

编号	178	179	180	181	182	183	188	189	196	198
实际	0	0	0	0	0	0	0	0	0	0
预测	0.00	0.00	0.00	0.00	0.00	0.00	0.00	0.00	0.00	0.01
编号	199	200	202	203	207	209	217	218	219	223
实际	0	0	0	0	0	0	0	1	1	1
预测	0.56	0.01	0.00	0.00	0.00	0.00	0.00	0.98	0.96	0.99
编号	226	230	231	243	245	246	251	253	254	256
实际	1	0	0	0	0	0	0	0	0	0
预测	0.98	0.00	0.00	0.00	0.00	0.00	0.00	0.00	0.00	0.00
编号	258	259	260	261	264	269	275	281	283	286
实际	0	0	0	0	0	0	0	0	0	0
预测	0.01	0.00	0.00	0.00	0.00	0.00	0.00	0.00	0.00	0.00
编号	287	288	290	295	296	303	308	310	312	316
实际	0	0	0	1	0	0	0	0	0	0
预测	0.00	0.00	0.00	0.86	0.00	0.00	0.01	0.01	0.00	0.01
编号	317	318	319	322	327	333	335	337	341	349
实际	0	0	0	0	0	0	0	0	0	0
预测	0.01	0.00	0.00	0.00	0.01	0.01	0.01	0.01	0.01	0.01
编号	351	353	357	358	364	368	370	380	387	388
实际	0	0	0	0	0	1	0	0	0	0
预测	0.01	0.01	0.00	0.01	0.00	0.59	0.00	0.01	0.00	0.01
编号	389	391	394	395	397	399	401	402	403	408
实际	0	0	0	1	0	0	0	0	0	0
预测	0.00	0.02	0.00	0.01	0.00	0.00	0.00	0.00	0.00	0.86

续表

编号	410	413	414	416	428	431	434	443	449	455
实际	0	0	0	0	0	0	0	0	0	0
预测	0.00	0.00	0.00	0.00	0.00	0.01	0.00	0.00	0.01	0.00
编号	459	464	470	472	475	479	482	485	500	508
实际	0	0	0	0	0	0	0	0	0	1
预测	0.00	0.00	0.00	0.00	0.00	0.00	0.00	0.01	0.00	0.80
编号	510	519	522	528	533	542	544	546	547	550
实际	0	0	0	0	0	0	0	0	0	0
预测	0.01	0.00	0.00	0.00	0.00	0.00	0.00	0.00	0.00	0.00
编号	551	559	565	567	568	569	570	573	578	579
实际	0	0	0	0	0	0	0	0	0	0
预测	0.06	0.00	0.00	0.01	0.01	0.01	0.01	0.00	0.00	0.00
编号	580	587	590	592	595	599	601	604	605	612
实际	0	0	0	0	0	0	0	0	0	0
预测	0.00	0.00	0.02	0.00	0.00	0.00	0.00	0.00	0.00	0.00
编号	614	620	622	624	626	628	629	631	648	649
实际	0	0	0	1	0	1	0	0	1	1
预测	0.00	0.01	0.00	0.94	0.00	0.69	0.00	0.00	0.95	0.95
编号	650	655	656	657	658	662	669	670	671	673
实际	1	0	0	0	0	0	0	0	0	0
预测	0.91	0.00	0.00	0.00	0.00	0.02	0.00	0.00	0.00	0.00
编号	675	684	685	693	705	710	722	723	728	
实际	0	0	0	0	0	0	0	0	0	
预测	0.00	0.00	0.00	0.00	0.00	0.00	0.00	0.00	0.00	

附录 5

成长期测试样本预期输出与实际结果对比表

编号	1	4	9	10	12	14	18	20	21	23
实际	0	0	0	0	0	0	0	0	0	1
预测	0.02	0.00	0.00	0.00	0.00	0.00	0.00	0.00	0.00	1.00
编号	24	27	29	31	32	33	34	41	43	50
实际	0	0	0	0	0	0	0	0	0	0
预测	0.00	0.00	0.00	0.01	0.01	0.00	0.00	0.00	0.00	0.00
编号	56	60	65	70	72	73	74	79	81	84
实际	0	0	0	0	0	0	0	0	0	0
预测	0.00	0.00	0.00	0.00	0.00	0.00	0.00	0.00	0.00	0.00
编号	85	88	90	93	97	101	102	103	105	117
实际	0	1	1	0	0	0	0	0	0	0
预测	0.00	0.99	0.99	0.00	0.00	0.00	0.00	0.00	0.00	0.00
编号	118	123	126	131	138	145	146	150	155	156
实际	0	0	0	0	0	0	0	0	0	0
预测	0.00	0.00	0.00	0.00	0.00	0.00	0.00	0.00	0.00	0.00
编号	159	161	171	173	174	175	178	179	180	181
实际	0	0	0	0	0	0	0	0	0	0
预测	0.00	0.00	0.00	0.00	0.00	0.00	0.00	0.00	0.00	0.00

续表

编号	182	183	188	189	196	198	199	200	202	203
实际	0	0	0	0	0	0	0	0	0	0
预测	0.00	0.00	0.00	0.00	0.00	0.00	0.00	0.00	0.00	0.01
编号	207	209	217	218	219	223	230	231	243	245
实际	0	0	0	1	0	0	0	0	0	0
预测	0.00	0.00	0.00	0.95	0.00	0.00	0.00	0.00	0.00	0.00
编号	246	251	253	254	256	258	259	260	261	264
实际	0	0	0	0	0	0	0	0	0	0
预测	0.00	0.00	0.00	0.00	0.00	0.00	0.00	0.00	0.00	0.00
编号	269	275	281	283	286	288	290	296	303	308
实际	0	0	0	0	0	0	0	0	0	0
预测	0.00	0.00	0.00	0.00	0.00	0.00	0.00	0.00	0.00	0.00
编号	310	311	312	316	317	319	322	327	331	333
实际	0	0	0	0	0	0	0	0	0	1
预测	0.00	0.00	0.00	0.00	0.00	0.00	0.00	0.00	0.00	0.99
编号	335	336	337	341	349	351	353	357	358	364
实际	1	0	0	0	0	0	0	0	0	0
预测	1.00	0.00	0.00	0.00	0.00	0.00	0.00	0.00	0.00	0.00
编号	366	370	380	387	389	391	394	395	397	399
实际	0	0	0	0	0	0	0	0	1	0
预测	0.00	0.00	0.00	0.00	0.00	0.00	0.00	0.00	0.98	0.00
编号	401	402	403	408	410	413	414	416	425	428
实际	0	1	1	0	1	0	1	0	0	0
预测	0.01	0.97	1.00	0.01	0.99	0.00	1.00	0.02	0.01	0.01

续表

编号	431	434	443	449	455	459	464	470	472	475
实际	0	0	0	1	0	0	0	0	0	0
预测	0.00	0.00	0.01	0.99	0.02	0.00	0.00	0.00	0.00	0.00
编号	479	482	485	499	500	508	510	519	522	525
实际	0	0	0	0	1	0	1	0	0	0
预测	0.01	0.00	0.00	0.00	1.00	0.00	1.00	0.01	0.00	0.00
编号	528	533	542	544	546	547	550	551	559	565
实际	0	0	0	0	0	0	0	0	0	0
预测	0.01	0.01	0.00	0.00	0.00	0.00	0.00	0.00	0.00	0.00
编号	567	568	569	570	573	578	579	580	587	590
实际	0	0	0	0	0	0	0	0	0	0
预测	0.00	0.01	0.00	0.00	0.00	0.00	0.00	0.00	0.00	0.00
编号	592	595	599	601	605	612	620	622	626	628
实际	0	0	0	1	0	0	0	0	0	0
预测	0.00	0.00	0.00	0.96	0.00	0.00	0.00	0.00	0.00	0.00
编号	631	648	649	650	655	656	658	660	662	666
实际	0	0	0	0	0	0	0	0	0	0
预测	0.00	0.00	0.00	0.00	0.00	0.00	0.00	0.00	0.00	0.00

附录 6

成熟期测试样本预期输出与实际结果对比表

编号	1	4	5	9	11	12	14	18	20	24
实际	0	0	0	0	0	1	0	0	0	0
预测	0.01	0.00	0.00	0.01	0.00	0.98	0.00	0.00	0.00	0.00
编号	27	29	31	32	34	41	43	50	56	60
实际	0	0	0	0	0	0	0	0	0	0
预测	0.00	0.00	0.00	0.00	0.00	0.00	0.00	0.00	0.00	0.00
编号	65	66	70	72	74	79	81	84	85	88
实际	0	0	0	0	0	0	0	0	0	0
预测	0.00	0.00	0.00	0.00	0.00	0.00	0.00	0.00	0.00	0.01
编号	90	93	97	101	103	105	117	118	123	126
实际	0	0	0	0	0	0	0	0	0	0
预测	0.00	0.00	0.00	0.00	0.00	0.01	0.00	0.00	0.00	0.00
编号	131	138	145	146	150	155	159	161	171	173
实际	0	1	0	0	0	0	0	0	0	0
预测	0.00	0.98	0.00	0.00	0.00	0.00	0.00	0.00	0.00	0.00
编号	174	175	178	179	181	182	183	188	189	196
实际	0	0	0	0	0	0	0	0	0	0
预测	0.00	0.00	0.00	0.00	0.00	0.00	0.00	0.00	0.00	0.00

续表

编号	198	199	200	202	203	207	209	217	219	223
实际	0	0	0	0	0	0	0	0	0	0
预测	0.00	0.00	0.00	0.00	0.00	0.00	0.00	0.00	0.00	0.00
编号	230	231	243	245	251	253				
实际	0	0	0	0	0	0				
预测	0.00	0.00	0.00	0.00	0.00	0.00				